令和四年度入学者選抜学力検査本試験問題

国語 (50分)

国立高等専門学校

(配点)

1	2	3
30点	39点	31点

(注意事項)

1 問題冊子は指示があるまで開かないこと。

2 問題冊子は一ページから十八ページまである。検査開始の合図のあとで確かめること。

3 検査中に問題冊子の印刷不鮮明、ページの落丁・乱丁及び解答用紙の汚れ等に気づいた場合は、静かに手を高く挙げて監督者に知らせること。

4 解答用紙に氏名と受験番号を記入し、受験番号と一致したマーク部分を塗りつぶすこと。受験番号が「0（ゼロ）」から始まる場合は、0（ゼロ）を塗りつぶすこと。

5 解答には、必ず**ＨＢの黒鉛筆**を使用すること。なお、解答用紙に必要事項が正しく記入されていない場合、または解答用紙に記載してある「マーク部分塗りつぶしの見本」のとおりにマーク部分が塗りつぶされていない場合は、解答が無効になることがある。

6 一つの解答欄に対して複数のマーク部分を塗りつぶしている場合、または指定された解答欄以外のマーク部分を塗りつぶしている場合は、有効な解答にはならない。

7 解答を訂正するときは、きれいに消して、消しくずを残さないこと。

教英出版

1

次の文章を読んで、後の問いに答えよ。

「蟪蛄《けいこ》春秋を知らず　伊虫《いちゅう》あに朱陽の節を知らんや。（夏蟬《なつせみ》は春秋を知らない。とすれば、この虫はどうして夏を知っているといえようか、いや知らないのだ。）」(注1)親鸞《しんらん》（1173～1262）の主著『教行信証《きょうぎょうしんしょう》』に出ている言葉である。もともとは(注2)『荘子《そうじ》』に由来するこの言葉は、短いいのちのはかなさを語るだけでなく、ものごとを「知る」「知らない」とはどういうことか、ということについての深い含蓄のある言葉である。

夏蟬はたしかに、夏の真っ盛りに一週間くらい地上に出てきて鳴き飛び回って生きるが、しかし、春や秋という季節を知らない夏蟬には、そのみずからが生きている時が夏だとはわからないのではないか、少なくとも季節としての夏というものは知らないのではないかということである。

われわれは、それぞれみずからの世界を生きているが、その世界がいかなる世界であるかは、その世界の中にすっぽりと入り込んでいるかぎり、よくわから[a]ない。何らかの仕方でその世界の外に出て、あらためてその世界を見返したときに、はじめてそれが、何であるかが、ああ、そうだったのか、とわかる。

日本を代表する歌人のひとり、(注3)西行《さいぎょう》の心底にあって、生涯、彼を突き動かし続けたのは、生きることが夢のようにしか感じられ[b]ないこの世から「おどろき」目覚めたいという思いであった。

世の中を夢と見る見るはかなくも　なほおどろかぬわが心かな
いつの世に長きねぶりの夢さめて　おどろくことのあらんとすらむ

（『山家集《さんかしゅう》』）

——世の中は夢のようにはか[c]ないものだと知りつつも、それでもなお「おどろく」ことができ[d]ない我が心よ。

——いつの世になれば長い眠りの夢がさめて「おどろく」ことがあるのだろうか。

「おどろく」とは、夢から覚めるという意味である。どうしたらこの夢のような世から目覚めることができるのか。(1)二十三歳の青年武士が、妻も子も、エリートコースも捨てて、出家・遁世《とんせい》（家を出て、俗世間から遁《のが》れること）し、山里に庵《いおり》をむすび、旅を重ね、歌を作り続けたのも、この世をこの世として「おどろき」目覚めたい、と願ってのことであった。

もともと「おどろく」とは、「オドロは、どろどろ・ごろごろなど、物音の擬音語。刺激的な物音を感じる意が①ゲン義。」とされ、そこから、「はっと目がさめる。」「にわかに気がつく。」「意外なことにびっくりする。」というような意味で使われてきたと説明される言葉である。夢見ているものは、外からの何らかの働きかけなしには、その夢のまどろみから目覚めることはできないのである。

この世に生きることが「夢」のようであるとは、「色は匂へど散りぬるを……浅き夢みじ酔《ゑ》ひもせず。」(注4)（いろは歌）と長らく歌ってきた(2)日本人には親しい現実感覚でもあった。

明治日本の新しい文学・思想をリードした(注5)国木田独歩《くにきだどっぽ》に、「驚異」と題する、こういう詩がある。

ゆめとみるみるはかなくも
なお驚かぬこの心
吹けや北風このゆめを
うてやいかづちこの心
をののき立ちてあめつちの
くすしき様をそのままに
(3)驚きさめて見む時よ
その時あれともがくなり

②ボウ頭句は、さきに引いた西行の歌をふまえたものである。西行がそうであったように、独歩もまた、生涯、「おどろきたい。」と願った文学者であった。

代表作「牛肉と馬鈴薯《じゃがいも》」は、「おどろきたい。」ということを主題にした短編である。主人公は、人生いかに生くべきかの人生論議において、自分は、いつも牛肉が食べられる現実的な成功をめざす現実主義でもなければ、いつも馬鈴薯しか食べられないが夢に燃える理想主義でもないと言う。そのいずれかを論ずる前に、まずどうしても果たしたい大事な願いがある、「びっくりしたいというのが僕の願いなんです。」と語っている。

それは、世間的な習慣や制度的なものの見方・感じ方にずっぽりと馴《な》れなずんでいる自分をあらためて奮い起こし、新鮮な感受性をもって世界や宇宙に向かい合いたいという願いである。

「牛肉と馬鈴薯」の主人公は、この発言のあと、みんなに「何だ！　馬鹿《ばか》々々しい！」「いくらでも君、勝手に驚けばいいじゃないか。」と(注6)揶揄《やゆ》される。が、自分みずから「勝手に驚く」ことはできない。英語で be surprised と言うように、何か自分以外のものに「おどろかされる」ことにおいて、はじめて「おどろく」ことができるのである。

(4)西行や独歩の苦心もそこにあった。ひたすらそうした何ものかを待ち続けたのである。が、むろんそれは、みずからは手をこまねいて何もしないということではない。まだ来ない「おどろき」へとつねに身と心を開いて待つということであった。すぐれた文学や思想には、つねに何ほどかは、こうした「おどろき」への願いが込められている。

「人生は夏休みよりはやく過ぎる。」という言葉がある。

アンディ・ガルシア主演の『デンバーに死す時』というアメリカ映画（ゲイリー・フレダー監督、１９９５年）に出てくるセリフである。マフィアがらみの暴力あふれる(注7)荒唐《こうとう》無稽《むけい》なストーリー展開ながら、あちこちに味わいゆたかなセリフがちりばめられており、このセリフも、要所で2度使われている。

――子どものころ、楽しみにしていた夏休みはまたたく間に過ぎてしまったが、人生はそれよりもはやく過ぎ去ってしまうものなのだ、と。

この妙な時間感覚は、むろん物理的なそれではないし、また、十歳の子どもの一年は自分の生きて来た時間の十分の一であるのに対して、七十歳の老人のそれは七十分の一に過ぎないといわれるような③ソウ対時間感覚でもない。

夏休みには、それが来るまでの待ち遠しい時間があり、始まれば最初はたっぷりある時間をなかば持て余しもしながら、あれも過ごしこれも過ごししているうちに、いつの間にか残り少なくなった最後の数日で必死に宿題をやっつけて終わる、そしてまた、なつかしい、まぶしいような級友たちの顔と再会して日常にもどっていく、といった、メリハリと④リン郭がはっきりとした時間感覚がある。

この言葉はそのことを問いかけている。この映画では、だから人生はむなしいと言っているのではなく、だから(5)それをならば、人生はどうなのか。夏休みのように楽しめ、と言っているのである。

それは、かならずしも、独歩や西行らのように、「おどろき」目覚めろ、と言っているのではない。人生には、夏休みのように、それが始まるまでの待ち遠しい時間もなければ、それが終わってから会えるであろうまぶしい級友たちの待つ場もない（だろう）。であるとしたら、夏休みの内部において、それなりの展開を持った、メリハリがあっておもしろい、それ自体として充実した時間にする以外ない。

「この世が夢のごとくはかなく過ぎ去る。」というのは、その夢から覚めてしまったものの言い方である。いろは歌が歌うように、「浅き夢みじ（浅い夢など見まい）。」というのは、すぐに覚めてしまう、その「浅さ」がまずいのであって、むしろそれをさらに、いわば「深き夢」あるいは「濃き夢」へと仕立て上げ、のめり込んでいけば、その夢から覚めることなくそれを充実させることができる。「夢中」になるとは、まさにそのことである。

親鸞『教行信証』では、念仏を何回称《とな》えれば往生《おうじょう》できる、できないということではなく、われわれはただ念仏し続けて、心がほかのことに移ってしまわなければそれでいいのだ、何回念仏をしたなどと数える必要はない、という文脈の中で「蟪蛄春秋を知らず　伊虫あに朱陽の節を知らんや。」

の言葉を使っている。夏蟬は春秋を知らないままに、ただひたすら夏を懸命に生き続ければそれでいいのだ、と。

（竹内整一《たけうちせいいち》『日本思想の言葉　神、人、命、魂』ＫＡＤＯＫＡＷＡによる）

（注1）親鸞＝鎌倉初期の僧で、浄土真宗を開いた。　（注2）『荘子』＝中国、戦国時代の思想家荘子の著書。
（注3）西行＝平安時代末期から鎌倉時代初期にかけての歌人。『山家集』はその歌集。
（注4）いろは歌＝この世のすべてのものは、永遠に続くことのないはかないものである、という仏教の思想を詠んだ歌。
（注5）国木田独歩＝明治時代の小説家・詩人。「牛肉と馬鈴薯」はその代表作。　（注6）揶揄＝からかうこと。
（注7）荒唐無稽＝でたらめで、現実味がないこと。

問1　本文中の、①ゲン義、②ボウ頭、③ソウ対、④リン郭のカタカナ部分の漢字表記として適当なものを、それぞれ**ア**から**エ**までの中から一つ選べ。

①ゲン義　**ア**　玄　**イ**　現　**ウ**　元　**エ**　原　　②ボウ頭　**ア**　帽　**イ**　冒　**ウ**　房　**エ**　暴
③ソウ対　**ア**　双　**イ**　早　**ウ**　相　**エ**　総　　④リン郭　**ア**　倫　**イ**　林　**ウ**　輪　**エ**　臨

問2　本文中の**a**から**d**までの「ない」のうち、**他と異なるもの**を一つ選べ。

a　わからない。　**b**　感じられないこの世から　**c**　はかないものだと　**d**　できない我が心よ。

問3　本文中に、(1)二十三歳の青年武士が、妻も子も、エリートコースも捨てて……旅を重ね、歌を作り続けたとあるが、西行がそうした理由は、本文ではどう説明されているか。最も適当なものを、次の**ア**から**エ**までの中から一つ選べ。

ア　自分が存在している世界に自身がすっぽりと入り込むことによって、この世界が何であるかをわかりたいと願ったから。
イ　何らかの方法で世界の外に出てから再びそれを見返すことによって、この世界が何であるかをわかりたいと願ったから。
ウ　何らかの方法で世界の外に出てから夢の正体を見返すことによって、生きることが夢のようにしか感じられない理由がわかるから。
エ　自分が存在している世界の中の何かに突き動かされることによって、生きることが夢のようにしか感じられない理由がわかるから。

問4　本文中に、(2)日本人には親しい現実感覚　とあるが、どういうことか。その説明として最も適当なものを、次の**ア**から**エ**までの中から一つ選べ。

ア　日本人は、現実世界にすっぽりと入り込んでしまい、それにも気づかないまま夢のように生きている。

イ　日本人は、夢のような世界をより現実世界に近づけるため、色鮮やかな夢を見続ける努力をしている。

ウ　日本人は、みずからが生きている現実世界に満足しており、旅のように刺激的な毎日を過ごしている。

エ　日本人は、出家や遁世をすることによって、夢のような世界から目覚めることができると信じている。

問5　本文中に引用された詩の中に、(3)驚きさめて見む時よ　その時あれともがくなり　とあるが、どういうことか。その説明として最も適当なものを、次の**ア**から**エ**までの中から一つ選べ。

ア　自分だけの力では「おどろく」ことができない状況に腹立たしさを感じている。

イ　「おどろきたい」という願望にとらわれる自分の姿に絶望して自己嫌悪に陥る。

ウ　自分を目覚めさせる「おどろき」の到来を常に身と心を開いて待ち望んでいる。

エ　「おどろきたい」という自分の気持ちを周囲が理解してくれる日を待ち続ける。

問6　本文中に、(4)西行や独歩の苦心もそこにあった。とあるが、どういうことか。その説明として最も適当なものを、次の**ア**から**エ**までの中から一つ選べ。

ア　この世の一般的な価値観や常識に反抗し、人に揶揄されても自身の信念を貫き通すためには、新たな感覚で世界を捉え直すことを願いながらも、みずからを「おどろか」す何ものかの到来を望み続ける必要があった。

イ　世間の一般的なものの見方に嫌気がさしている自分に気づき、さらに鋭敏な感覚で世界を捉え直すためには、常に新たな作品を作るのと同時に、みずからを「おどろか」す何ものかの到来を望み続ける必要があった。

ウ　この世で現実的に成功し、新たな表現の世界を作り上げるという夢をかなえるためには、ひたすら現実の世界を捉え直すことを願うのと同時に、みずからを「おどろか」す何ものかの到来を望み続ける必要があった。

エ　日常の決まりきったものの見方にそのままなじんでいる自分から離れ、新たな感覚で世界を捉え直すためには、自分を奮い立たせるのと同時に、みずからを「おどろか」す何ものかの到来を望み続ける必要があった。

問7　本文中に、(5)それを夏休みのように楽しめ、とあるが、どういうことか。その説明として最も適当なものを、次の**ア**から**エ**までの中から一つ選べ。

ア　人生にきちんと向き合って生きていくことで、日常をメリハリのある充実したものにするべきだ。

イ　「おどろく」ことをあきらめて夢から覚めずにいることで、かえって味わいゆたかな人生を過ごせる。

ウ　日常と非日常の時間感覚をきちんと区別することで、日常をメリハリのある充実したものにするべきだ。

エ　未来を夢見ることを忘れず日常の生活にのめり込むことで、かえって味わいゆたかな人生を過ごせる。

2

次の文章を読んで、後の問いに答えよ。

物理学や天文学の場合、ここでの人間は観測者、すなわち科学者である。一般市民ではない。しかし、これが生命科学の領域になると、観測者だけでなく(1)研究成果の受け取り手として、専門家以外の人たちを含まざるをえないという状況が現出している。

もともとは博物学の一分野だった生物学が、一九世紀に独立した分野となり、生理学、進化学、細胞学、遺伝学、分子生物学と新しい領域を広げていくにつれて、人とそれ以外の生物との境界はどんどん消失しつづけた。この流れは、二〇世紀後半の脳神経科学の発展に至って頂点に達し、基礎研究の成果がそのまま、人間についての言明(注1)に直結するという事態を招来した。ヒトを対象とする医学と、ヒト以外の生物を対象としてきた生命科学との関係は以前から密接ではあったが、両者が実質的に融合して「生命医科学」となったのは二〇世紀の後半、分子生物学がさかんになってからといってよいだろう。

［①］、人と人がハグをしたり、お母さんが赤ちゃんに母乳をあげると、オキシトシンという神経伝達物質が増えて、落ち着いた感情がもたらされる、といった類《たぐい》の研究結果がある。こういった実験の結果は科学的「事実」である、すなわち、価値をともなわない中立な事柄である、と研究者たちはいう。それはそのとおりだし、オキシトシンの話は科学的にとても興味深い結果なのだが、それがひとたび科学界の「外」に出てしまうと、人に関する事実の記述が、たちまちある種の価値を帯びてしまう事態は避けられない。

オキシトシンが出て気持ちが落ち着くのだから、お子さんをハグしてあげましょう。赤ちゃんには母乳をあげましょう——。(2)オキシトシンが出て気持ちが落ち着くことと、その状態を積極的に求めるべきだということのあいだには、じつはなんの論理的つながりもない。「気持ちが落ち着くのは良いことだ」という無意識の価値判断や好みがはたらいて初めて、つながっているように感じるにすぎない。

価値は事実には還元(注2)できないというのは、「自然主義の誤謬《ごびゅう》(注3)」として知られる、科学的事実を取り扱う際の大原則である。

極端な例を出せば、ヒトラーのユダヤ人虐殺政策は、進化学的・遺伝学的にゲルマン人より劣っているユダヤ人は排除すべきだという話だから、この誤謬を犯している典型的なものだ（もっともこれは、前提となっている科学的事実自体がそもそも間違っているのだが）。「お子さんをハグしてあげましょう」も「母乳をあげましょう」も、ヒトラーほどひどくはないけれども同じ誤謬を犯していて、そのことは、科学者たちがこういう言明が出るたびに繰り返し強調していることではある。みなさん、また同じ過ちを繰り返すんですか、と。

②、ぼくたち人間の特性や性質についての「科学的事実」が世に出たときに、この自然主義の誤謬を犯さないことを求めても、それはそれで無理筋[注4]というものだろうと思う。ぼくたち自身、そういう「説明」を求めているところがあるからだ。

アメリカの認知科学者ディーナ・ワイスバーグらは、ぼくたちは自然現象や心理現象については一段階下位のレベルでの説明（還元論的説明）を欲し、そのような説明が不適切な場合であっても、科学的な用語が使われるだけで満足してしまう傾向——知識の「誘惑幻惑効果」——があることを報告している。

だから、(3)今の世の中、科学的事実の少なくとも一部は、社会的価値と無関係ではいられないのだ。これは科学者、研究者の側の心構えだけでなく、科学知識や技術を使う社会、一般市民の側の心構えの問題でもある。

知識の「誘惑幻惑効果」は重要なので、少し詳しく見ておこう。

ワイスバーグらが最初にこれを報告したのは二〇〇八年。彼女と同僚たちは、イェール大学二年生の秀才たちを対象とした脳神経科学入門講義の最終回に、(4)ある実験をおこなった。人間の認知に関する現象がなぜ起こるかを説明したいくつかの文章を読ませて、その良し悪しを判定してもらうというものだ。

説明文は、学術的に妥当なものと不適切なものの二種類があり、さらにそれぞれが科学的用語を含むものと含まないものの二種類ずつ、計四種類が用意された。二種類の妥当な説明の内容は、科学的用語の有無を除けば、まったく同じものである。不適切な説明も同様。これらを比較することにより、科学的用語の有無が、読み手への説得力にどのように影響するかを測定できるというわけだ。

A脳神経科学を学んだ経験のない一般人は、不適切な説明であっても科学的な用語が加わっていると、説明の内容部分は同じなのに、科学用語がない説明より高く評価した。

それに対して専門家は、B科学的用語の有無にかかわらず、不適切な説明文は低く評価した。さらに、適切な説明文に科学的用語が加わったものは、その科学的用語の内容が不正確であり説明内容に適していないとの判断から、科学的用語がない説明よりむしろ低く評価した。

しかし、C脳神経科学入門の講義を半年間聴いてきた学生たちは、専門家とは真逆の反応を示した。一般の素人と同じく、不適切な説明文でも科学的用語があれば、そうでないものより高く評価し、さらにあろうことか、適切な説明文でも科学的用語が加わったほうを、より優れた説明と評価したのだ。これは、専門家の判定とは正反対だ。

③、脳神経科学の知識をもっていることと、それらの知識を適切に使うこととは、まったく別の能力なのである。むしろ、知識があることがその適切な使い方を妨げ、その知識を使わないほうがより適切な場面でも知識を使ってしまう誘惑に、ぼくたちは駆られている。知識は、使うように使うようにと人を誘惑し、幻惑する。

この研究は、その後も追試や関連研究が続けられており、二〇一六年には、知識の誘惑幻惑効果は脳神経科学に限らず、物理学や数学、心理学などでも広くみられることが報告されている。(5)普遍的かつ強力なのだ、知識の魔力は。

この知識の誘惑幻惑効果は、二つのことを示唆している。

ひとつは、説明を受ける側が、内容の妥当性を問わず、一見科学的な装いをまとっただけの説明のほうを好んでしまうということ。もうひとつは、説明をする側が(a)なまじ科学的な知識をもっていると、実際にはその知識を当てはめるのが不適切な場合でも一見科学的な説明をしがちになってしまうということ。

科学的な根拠が明確でないことにまで(b)あたかも科学的根拠があるかのように語ることは、良いことではない。それはもはやトンデモ科学(注5)、疑似科学であり、医学の領域でそのようなインチキ治療法が語られると、人の生き死にに関わる暴力的な行為となる。

だが、ぼくたちは仮にそれがインチキであっても、科学的「であるかのような」説明を喜んでしてしまうし、喜んで受け取ってしまう傾向をもっているのだ。

かといって、専門家が科学的に厳密であろうとすればするほど、その言明は条件付き、留保付きのものにならざるをえず、日常の生活場面での行動指針としては「くその役にも立たない」ことになりがちだ。(6)科学的な言明は、日常生活場面で使える形に「翻訳」しないと使えないことが多いからだ。

これは、「科学者は断定しないから、科学的な成果をどう活用したら良いかわからない」という知識の表現の形の問題だけではなく、科学的知識を日常生活場面の「どこ」に、「どのように」当てはめることができるのか、という適用範囲と形態の問題でもある。そして、科学で必要とされる知識と日常生活で必要とされる知識とでは、そもそも性質が根本的に異なるのである。

（佐倉《さくら》統《おさむ》『科学とはなにか』による）

（注1）言明＝言葉ではっきりと述べること。
（注3）誤謬＝まちがい。
（注2）還元＝ここでは、より複雑なことをより単純なことから派生したものとして説明すること、の意。
（注4）無理筋＝理屈に合わない考え方。
（注5）トンデモ科学＝一見、科学のように見えるが、まったく科学的ではない考え方。

問1　空欄 ① 、 ② 、 ③ に入る語として適当なものを、それぞれ次の**ア**から**エ**までの中から選べ。**ただし、同じ記号は二回使わない。**

ア　しかし　　**イ**　やがて　　**ウ**　たとえば　　**エ**　つまり

問2　本文中の、(a)なまじ、(b)あたかも　の意味として適当なものを、それぞれ次の**ア**から**エ**までの中から一つ選べ。

(a)　**ア**　必要以上に　　**イ**　中途半端に　　**ウ**　不自然に　　**エ**　自分勝手に

(b)　**ア**　軽々しく　　**イ**　ことさら　　**ウ**　無理に　　**エ**　まるで

問3　本文中に、(1)研究成果の受け取り手として、専門家以外の人を含まざるをえない状況が現出している。とあるが、なぜか。その理由として最も適当なものを、次の**ア**から**エ**までの中から一つ選べ。

ア　生命に関わる科学の領域が広がるにつれ、専門家以外の人も、科学の研究成果を人間に直接関係するものとして受け取ることになったから。

イ　医学と生命科学が融合した生命医科学では、観測者と観測対象の境界が明確でないため、専門家以外の人も研究に参加しやすくなったから。

ウ　物理学や天文学では科学者が観測者であるが、生命に関わる科学では一般市民が観測者となり、研究成果に直接関与するようになったから。

エ　生命科学の発展にともなって、人間も研究対象となったため、専門家以外の人も観測者となると同時に研究成果の受け取り手となったから。

問4　本文中に、(2)オキシトシンが出て気持ちが落ち着くことと、その状態を積極的に求めるべきだということのあいだには、じつはなんの論理的つながりもない。とあるが、どういうことか。その説明として最も適当なものを、次の**ア**から**エ**までの中から一つ選べ。

ア　「オキシトシンが出ると気持ちが落ち着く」のが科学的事実として興味深いからといって、「オキシトシンが出る状態にして気持ちを落ち着かせるべきだ」という意見に誰もが賛成するわけではない。

イ　「オキシトシンが出ると気持ちが落ち着く」という科学的事実から、「オキシトシンが出る状態にして気持ちを落ち着かせるべきだ」という価値判断を含んだ考えが必然的に導き出されるわけではない。

ウ　「オキシトシンが出ると気持ちが落ち着く」という科学的事実は一般社会で常に見られるとは限らないので、「オキシトシンが出る状態にして気持ちを落ち着かせるべきだ」という主張の根拠にならない。

エ　「オキシトシンが出ると気持ちが落ち着く」という科学的事実は生命科学の研究成果であり、「オキシトシンが出る状態にして気持ちを落ち着かせるべきだ」という医学的な見解とは直接結びつかない。

問5　本文中に、(3)今の世の中、科学的事実の少なくとも一部は、社会的価値と無関係ではいられないのだ。とあるが、なぜか。その理由として最も適当なものを、次の**ア**から**エ**までの中から一つ選べ。

1 次の各問いに答えなさい。

(1) $5.2^2 - 4.8^2$ を計算すると [ア] である。

(2) 連立方程式 $\begin{cases} 5x + 6y = -2 \\ -4x + 3y = 25 \end{cases}$ を解くと $x =$ [イウ], $y =$ [エ] である。

(3) 4枚の硬貨を同時に投げるとき，表が少なくとも1枚出る確率は $\dfrac{\boxed{\text{オカ}}}{\boxed{\text{キク}}}$ である。ただし，これらの硬貨を投げるとき，それぞれの硬貨は表か裏のどちらかが出るものとし，どちらが出ることも同様に確からしいものとする。

(4) ある試験における10名の生徒の点数は，下の表のようになった。このとき，点数のデータの第2四分位数（中央値）は [ケ] 点である。また，第3四分位数は [コ] 点である。

生徒	A	B	C	D	E	F	G	H	I	J
点数（点）	2	4	2	7	2	2	7	10	2	4

[計 算 用 紙]

(5)　関数 $y=\dfrac{1}{4}x^2$ について，x の変域が $-2 \leqq x \leqq 4$ のとき，y の変域は $\boxed{\text{サ}} \leqq y \leqq \boxed{\text{シ}}$ である。

(6)　下の図のように，関数 $y=ax^2$ のグラフと直線 $y=\dfrac{4}{3}x+2$ が 2 点で交わっている。1つの交点の x 座標が -1 であるとき，$a=\dfrac{\boxed{\text{ス}}}{\boxed{\text{セ}}}$ である。

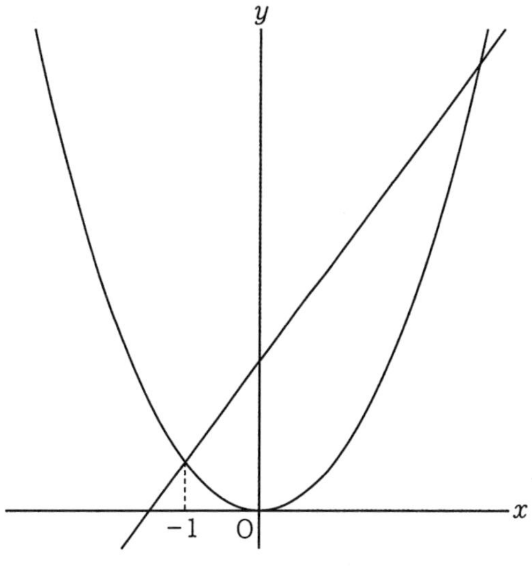

［ 計 算 用 紙 ］

⑺　右の図で，$\angle x =$ [ソタ] °である。

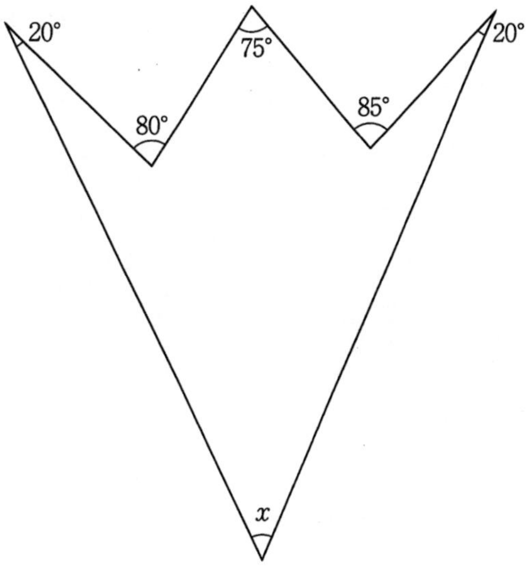

⑻　下の図のような，底面の半径が 2 cm，母線の長さが 3 cm の円錐の表面積は，
[チツ] π cm^{2}である。

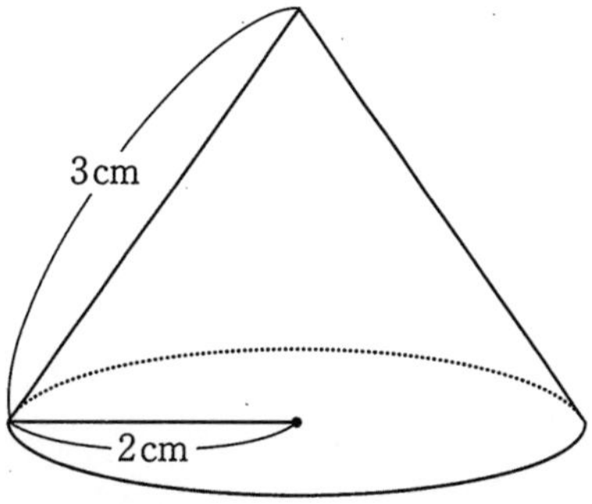

［計 算 用 紙］

2 下の図のように，AB = 6 cm，BC = 12 cm，∠ABC = 90°の直角三角形ABCと，FG = 6 cm，EF = 3 cmの長方形DEFGがある。点B，C，E，Fは直線l上にあり，点Cと点Eは重なっている。

長方形DEFGを固定し，直角三角形ABCを直線lに沿って矢印の方向に秒速1 cmで点Bが点Eに重なるまで移動させる。

移動し始めてからx秒後に，直角三角形ABCと長方形DEFGが重なる部分の面積をy cm^{2}とする。このとき，次の各問いに答えなさい。

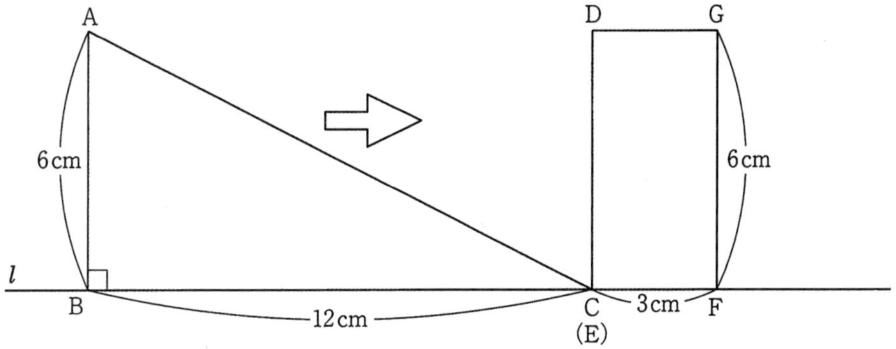

(1) $0 \leqq x \leqq 3$のとき，xとyの関係を式で表すと，$y = \dfrac{\boxed{ア}}{\boxed{イ}}x^2$である。

(2) $x = 5$のとき，$y = \dfrac{\boxed{ウエ}}{\boxed{オ}}$である。

また，$3 \leqq x \leqq 12$のとき，xとyの関係を式で表すと，$y = \dfrac{\boxed{カ}}{\boxed{キ}}x - \dfrac{\boxed{ク}}{\boxed{ケ}}$である。

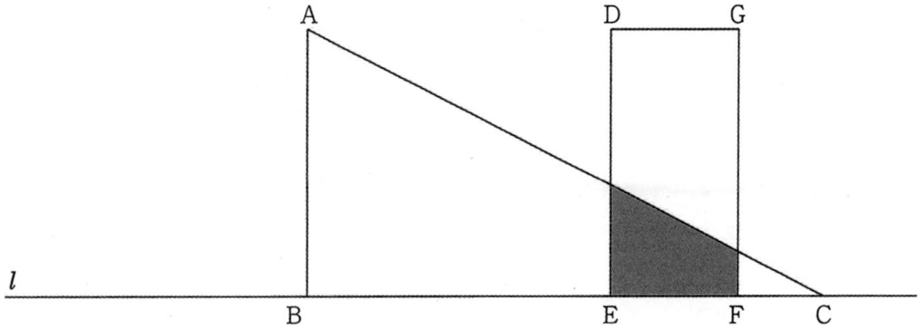

令和４年度入学者選抜学力検査本試験問題

英　　語 (50分)

（配　点）	1　10点	2　15点	3　24点	4　15点	5　15点	6　21点

(注 意 事 項)

1　問題冊子は指示があるまで開かないこと。

2　問題冊子は１ページから８ページまである。検査開始の合図のあとで確かめること。

3　検査中に問題冊子の印刷不鮮明，ページの落丁･乱丁及び解答用紙の汚れ等に気づいた場合は，静かに手を高く挙げて監督者に知らせること。

4　解答用紙に氏名と受験番号を記入し，受験番号と一致したマーク部分を塗りつぶすこと。受験番号が「0（ゼロ）」から始まる場合は，0（ゼロ）を塗りつぶすこと。

5　解答には，必ずＨＢの**黒鉛筆**を使用すること。なお，解答用紙に必要事項が正しく記入されていない場合，または解答用紙に記載してある「マーク部分塗りつぶしの見本」のとおりにマーク部分が塗りつぶされていない場合は，解答が無効になることがある。

6　一つの解答欄に対して複数のマーク部分を塗りつぶしている場合，または指定された解答欄以外のマーク部分を塗りつぶしている場合は，有効な解答にはならない。

7　解答を訂正するときは，きれいに消して，消しくずを残さないこと。

1 次の各組の英文がほぼ同じ内容となるような（　A　）と（　B　）に入る語（句）の最も適切な組み合わせを，それぞれア～エの中から一つずつ選びなさい。

1．The news (　A　) me sad.
I felt sad (　B　) the news.

ア (A) gave (B) because
イ (A) gave (B) because of
ウ (A) made (B) because
エ (A) made (B) because of

2．Which bus should I (　A　) to go to the stadium?
Which bus (　B　) to the stadium?

ア (A) come (B) stops
イ (A) go (B) rides
ウ (A) take (B) goes
エ (A) like (B) takes

3．(　A　) I send the message for you?
Do you (　B　) me to send the message for you?

ア (A) Did (B) stand
イ (A) Did (B) want
ウ (A) Shall (B) stand
エ (A) Shall (B) want

4．She didn't say goodbye when she (　A　) out of the room.
She left the room (　B　) saying goodbye.

ア (A) went (B) with
イ (A) went (B) without
ウ (A) goes (B) with
エ (A) goes (B) without

5．My mother can't go out with me now. I wish she (　A　) a headache.
I can't go out with my mother now because she (　B　) a headache.

ア (A) didn't have (B) has
イ (A) has (B) hasn't been
ウ (A) have (B) didn't have
エ (A) have (B) had

2 次の1～5の会話文について，場面や状況を考え，（　　）に入る最も適切なものを，それぞれア～エの中から一つずつ選びなさい。

1. A：What is the phone number of Jim's office?
   B：It is 042-XXX-YYYY.
   A：I'm sorry. (　　　　　)
   B：Yes, it's 042-XXX-YYYY.

   ア Can you say that again, please?
   イ Who is speaking?
   ウ How can I help you?
   エ Will he call here again?

2. A：How was your vacation?
   B：It was great. I had a wonderful time.
   A：(　　　　　)
   B：No, on Wednesday. I stayed there for a week.

   ア Do you want to go to the same place again?
   イ Did you want to go on vacation?
   ウ Did you come back on the weekend?
   エ How did you get back?

3. A：Would you like to play tennis with me after school today?
   B：Sorry, I can't. I have to do my homework today.
   A：Well, how about tomorrow?
   B：(　　　　　)
   A：Great! Shall we meet tomorrow at four o'clock?

   ア I don't have time tomorrow.
   イ That will be OK.
   ウ We can go today.
   エ That was fun.

4. A：OK, class. The next question is very difficult. Do you know the answer, Taro?
   B：I think the answer is 21. (　　　　　)
   A：Yes, the answer is 21. You are doing well.

   ア How about finding something to do?
   イ This is for you.
   ウ How can you know it?
   エ Is that right?

5. A：What are you looking for?
   B：The book I bought yesterday. I think I put it on my desk.
   A：There are so many things on your desk. (　　　　　)
   B：Yes, I will. However, I want to find the book before I do that.

   ア Why don't you clean your desk first?
   イ Where did you find the book?
   ウ Who wrote the book?
   エ What color is the book?

3 次の英文を良く読み，後の問題に答えなさい。

Clothes are very important for everybody, especially for young people. However, have you ever really thought why people ア wear clothes? Here are four reasons for wearing clothes.

The first reason is to cover our bodies. People of different times and places have different ideas about clothes. If you イ ask people from different countries how (1) of your body you should cover, you'll ウ get different answers. In some parts of Asia and Africa, women cover their faces. For a long time, people in China thought (2) their feet was wrong, and people in Europe didn't エ show any part of their legs in the past.

The next reason is to オ protect our (3). Clothes protect us from heat and cold, snow and rain. Heavy clothes and boots protect people who work outside from sharp stones and dangerous animals. Other people wear thick gloves and hard hats to protect themselves (4) they are using machines.

The third reason for wearing clothes is convenience. You can carry things with you in your pockets. Many centuries ago, everybody carried a bag or something to (5) food, money, and other useful things. Today, most clothes have pockets. Some suits have more than ten.

The last, and perhaps the most important reason for wearing clothes is vanity. People want to カ look better. They want to look like other people, but they also want to look different (6) other people. A dark suit can look like every other dark suit. However, people can show their individuality with the tie or the shirt that they wear with the dark suit.

(注)	times 時代	heat and cold 暑さと寒さ	boots ブーツ	sharp とがった
	thick gloves 厚い手袋	machine 機械	suit(s) スーツ	perhaps たぶん
	vanity 虚栄心	individuality 個性	tie ネクタイ	

問1　本文中の（ 1 ）～（ 6 ）に入る適切な語（句）を，ア～エの中から一つずつ選びなさい。

（ 1 ）	ア many	イ much	ウ short	エ tall
（ 2 ）	ア be showing	イ show	ウ showed	エ showing
（ 3 ）	ア bodies	イ medicines	ウ uniforms	エ zoos
（ 4 ）	ア become	イ body	ウ while	エ will
（ 5 ）	ア break	イ follow	ウ hold	エ look
（ 6 ）	ア at	イ from	ウ of	エ thing

問2　次の（1）と（2）につき，それぞれと同じような意味で使われている語を本文中の下線部ア～カから一つずつ選びなさい。

（1）　to put a question to someone

（2）　to receive

4 次の1～5の会話文の（　　）内の語（句）を並べ替え，それぞれの文を完成させなさい。なお，解答は<u>（　　）内において**3番目と5番目にくるもの**</u>の記号を選びなさい。また，文頭にくるべき語の最初の文字も小文字で書かれています。

1. A：Hiroshi, look at that girl over there. Who is she? She wasn't at the last meeting.
   B：Are you（ア about　イ is　ウ talking　エ the girl　オ wearing　カ who）the red jacket?
   A：That's right. I never saw her before.

2. A：Could（ア how　イ me　ウ show　エ to　オ use　カ you）this new computer?
   B：Sure. What do you want to do?
   A：I want to read a story on the Internet.

3. A：Tom is not here today. What happened to him?
   B：（ア country　イ has　ウ he　エ his　オ returned　カ to）. We had a party for him last week.
   A：Really? I didn't know that.

4. A：My school band will have a concert next month. I'm going to play the drums.
   B：Wow! I'd love to go. Will your grandparents come?
   A：Yes, they（ア are　イ concert　ウ forward　エ looking　オ my　カ to）.

5. A：I'm not sure what book I should choose for my book report.
   B：It's（ア a　イ about　ウ book　エ easy　オ to　カ write）you have already read.
   A：That's true. I just read a book about Japanese castles.

5 カロリー（calorie）と活動（activity）について書かれた次の英文と表を良く読み，後の問題に答えなさい。なお，それぞれの活動とカロリー消費は比例関係にあるとします。また，計算等を行う場合は，この問題のページの余白で行うこと。

John is a junior high school student. Ken and Tom are his brothers. Mary and Nancy are his sisters. One day, John learned about the calories in food and how many calories are burned by walking, riding a bike, playing tennis, and jogging. John collected some information about their activities.

Ken is an elementary school student. He walks to school every day. It is 1. 5 kilometers from his home to school. However, he visited Jim's house before going to school today because Ken forgot his notebook at Jim's house yesterday. So Ken walked 900 meters more to go to school today.

John is a member of the tennis club at his school. He likes playing tennis very much. Today he played tennis for two hours after jogging for thirty minutes.

Mary is a high school student. She rides her bike three kilometers each day to go to school. She loves to talk with her friends. She went to a new cafeteria with her friend Kate after school today. Mary ate one piece of cake and talked with Kate about their favorite singers.

Nancy's university is five kilometers from her home and she always goes there by bike. This morning, she had two slices of buttered bread and 0. 2 liters of milk before she left her home on her bike.

Tom likes to ride his bike. He sometimes rides his bike about two kilometers after school. However, the weather was so nice today that he rode his bike six kilometers in total.

表 1

The energy in different foods	
1 piece of cake	250 kcal
1 slice of buttered bread	100 kcal
0. 2 liters of milk	120 kcal

表 2

Four ways to burn 100 kcal
Walking 2 kilometers
Riding a bike 4 kilometers
Playing tennis for 15 minutes
Jogging for 20 minutes

（注）burn 消費する　jog ジョギングする　a slice of ～ ～の薄切り 1 枚
buttered バターを塗った　liter リットル
in total 合計で　kcal キロカロリー

令和４年度入学者選抜学力検査本試験問題

理　　科

（50分）

（配　点）	1　16点	2　14点	3　17点	4　17点
	5　16点	6　20点		

（注意事項）

1　問題冊子は指示があるまで開かないこと。

2　問題冊子は１ページから18ページまである。検査開始の合図のあとで確かめること。

3　検査中に問題冊子の印刷不鮮明，ページの落丁・乱丁及び解答用紙の汚れ等に気づいた場合は，静かに手を高く挙げて監督者に知らせること。

4　解答用紙に氏名と受験番号を記入し，受験番号と一致したマーク部分を塗りつぶすこと。受験番号が「0（ゼロ）」から始まる場合は，0（ゼロ）を塗りつぶすこと。

5　解答には，必ずＨＢの**黒鉛筆**を使用すること。なお，解答用紙に必要事項が正しく記入されていない場合，または解答用紙に記載してある「マーク部分塗りつぶしの見本」のとおりにマーク部分が塗りつぶされていない場合は，解答が無効になることがある。

6　一つの解答欄に対して複数のマーク部分を塗りつぶしている場合，または指定された解答欄以外のマーク部分を塗りつぶしている場合は，有効な解答にはならない。

7　解答を訂正するときは，きれいに消して，消しくずを残さないこと。

8　定規，コンパス，ものさし，分度器及び計算機は用いないこと。

9　問題の文中の［アイ］，［ウ］などには，特に指示がないかぎり，数字（0～9）が入り，ア，イ，ウの一つ一つは，これらのいずれか一つに対応する。それらを解答用紙のア，イ，ウで示された解答欄に，マーク部分を塗りつぶして解答すること。

10　解答は指定された形で解答すること。例えば，解答が0.415となったとき，［エ］．［オカ］ならば，小数第３位を四捨五入して0.42として解答すること。

11「正しいものを三つ選べ」など，一つの問題で複数の解答を求められる場合は，一つの解答欄につき選択肢を一つだけ塗りつぶすこと。

例　「ウ」，「オ」，「ケ」を塗りつぶす場合

問１	㋐	㋑	●	㋓	㋔	㋕	㋖	㋗	㋘	㋙
	㋐	㋑	㋒	㋓	●	㋕	㋖	㋗	㋘	㋙
	㋐	㋑	㋒	㋓	㋔	㋕	㋖	㋗	●	㋙

この場合，「ウ」，「オ」，「ケ」の順番は関係ない。

1 次の問1から問8に答えよ。

問1 次に示す4つのもののうち，その大きさの単位がN（ニュートン）となり得るものはいくつあるか。最も適当なものを下のアからオの中から選べ。

圧力 ・ 弾性力 ・ 電力 ・ 重さ

ア 1つ　　イ 2つ　　ウ 3つ　　エ 4つ　　オ 1つもない

問2 50 V の電圧をかけたときに 200 W の消費電力となる電熱線を使用するとき，電熱線の抵抗の大きさと流れる電流の大きさの組み合わせとして，正しいものはどれか。次のアからクの中から選べ。

	ア	イ	ウ	エ	オ	カ	キ	ク
電熱線の抵抗の大きさ〔Ω〕	1.25	2.5	4.0	12.5	20	40	200	400
電流の大きさ〔A〕	40	20	12.5	4.0	2.5	1.25	0.25	0.125

問3 次のアからオに示す物質が，ともに混合物である組み合わせを選べ。

ア ドライアイス，水蒸気
イ 水酸化ナトリウム，石油
ウ 塩酸，食塩水
エ 空気，氷水
オ 酸化銅，花こう岩

問4　水の電気分解でおこる化学変化を原子や分子のモデルで表したものとして，最も適当なものを次のアからエの中から選べ。ただし，●は酸素原子１個を，○は水素原子１個を表している。

ア 

イ 

ウ 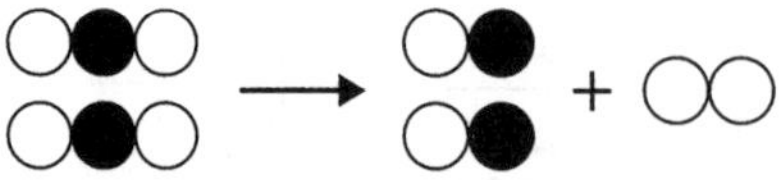

エ 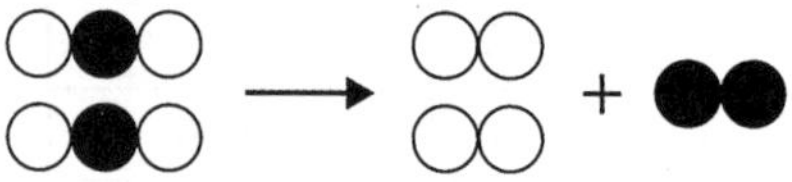

問5　顕微鏡で観察をする際の次の［操作］①から③を，正しい順番に並べたものを下のアからカの中から選べ。

［操作］

① 対物レンズを最も低倍率にし，明るさを調節し，観察するものが対物レンズの真下に来るようにプレパラートをステージにのせてクリップでとめる。

② 接眼レンズをのぞいて，調節ねじを少しずつ回し，プレパラートと対物レンズを遠ざけながらピントを合わせる。

③ プレパラートと対物レンズを真横から見ながら調節ねじを少しずつ回し，できるだけプレパラートと対物レンズを近づける。

ア ①→②→③　　イ ①→③→②　　ウ ②→①→③

エ ②→③→①　　オ ③→①→②　　カ ③→②→①

問6　空欄１，２に当てはまる語の組み合わせとして，最も適当なものを下のアからエの中から選べ。

植物の生殖細胞である卵細胞と精細胞ができる（　１　）の時には，対になっている親の遺伝子が別々に分かれる。これは（　２　）。

	1	2
ア	受精	分離の法則と呼ばれる
イ	受精	２つの細胞が対立形質であるためである
ウ	減数分裂	分離の法則と呼ばれる
エ	減数分裂	２つの細胞が対立形質であるためである

問7　北半球のある観測点において，温帯低気圧の温暖前線が通過することで生じる気象現象について，正しい組み合わせを次のアからエの中から選べ。

	気温	風向
ア	下がる	南寄りの風になる
イ	上がる	南寄りの風になる
ウ	下がる	北寄りの風になる
エ	上がる	北寄りの風になる

問8　身の回りの気象現象について説明した文として**誤りを含むもの**を次のアからエの中から選べ。

ア　一日の中で気温が最も高くなるのが正午より遅れる理由は，太陽からの放射が直接空気を温めるのに時間がかかるためである。

イ　冷たいペットボトルの表面に水滴が生じるのは，ペットボトルの周囲の空気が冷やされ，水蒸気が凝結したものである。

ウ　霧は，地表付近の水蒸気を含んだ空気が冷やされて生じる。

エ　雲が上空まで発達し，氷の粒がとけないまま落下したものが，雪やひょうである。

（このページは余白です。）

2　重曹（$NaHCO_3$）には様々な性質があり，キッチンや風呂場の掃除に用いられるほか，ベーキングパウダーや胃薬にも含まれるなど，幅広く利用されている。重曹の性質を調べるため，異なる3つの実験を行った。下の問1から問3に答えよ。

実験1　試験管に0.84 gの重曹を入れて加熱し，発生した気体を水上置換法で集めた。

問1　**実験1**について，次の1から3に答えよ。

1　重曹を入れた試験管を加熱するときは，その試験管を少し傾ける。実験装置として適切なものは次の①と②のどちらか。また，その理由は何か。最も適当な組合せを次のアからカの中から選べ。

①　　　　　　　　②

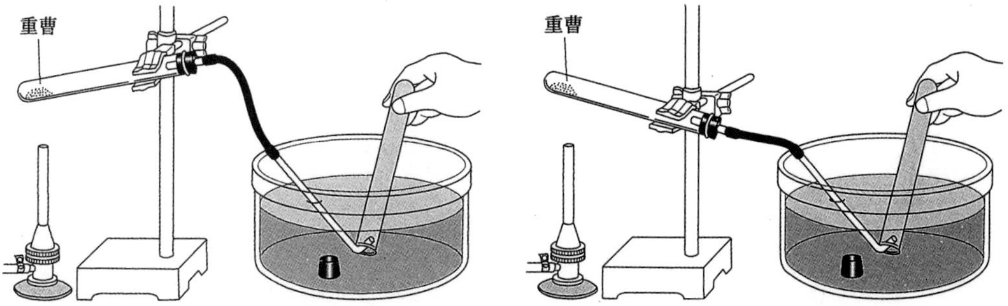

	装置	理由
ア	①	重曹が激しく飛び散るのを防ぐため。
イ	①	水槽の水が加熱している試験管内に逆流するのを防ぐため。
ウ	①	加熱している試験管の口に付いた液体が加熱部分に流れ込んで割れるのを防ぐため。
エ	②	重曹が激しく飛び散るのを防ぐため。
オ	②	水槽の水が加熱している試験管内に逆流するのを防ぐため。
カ	②	加熱している試験管の口に付いた液体が加熱部分に流れ込んで割れるのを防ぐため。

2　捕集された気体の性質として，適切なものを次のアからキの中から三つ選べ。

ア　空気より密度が小さい。

イ　空気より密度が大きい。

ウ　マッチの火を近づけるとポンと音をたてて燃える。

エ　火のついた線香を近づけると，線香が炎を上げて燃える。

オ　石灰水を白くにごらせる。

カ　緑色のBTB液に吹き込むと，BTB液が青色になる。

キ　緑色のBTB液に吹き込むと，BTB液が黄色になる。

3　試験管内の重曹 0.84 g を十分に加熱し，完全に熱分解したところ，0.53 g の白色固体が得られた。つづいて，新しい試験管に 2.52 g の重曹を入れて同様に加熱し，反応の途中で加熱を止めた。ここで試験管内の白色固体の質量をはかったところ，加熱前に比べて 0.62 g 軽くなっていた。試験管内の白色固体のうち，反応していない重曹は何 g か。

ア . イウ g

実験 2　試験管に重曹 1 g と水 1 mL を入れて温度をはかった。これと同じ温度のある液体をここに加え，1 分後に再び試験管内の溶液の温度をはかったところ，温度は下がっていた。

問 2　**実験 2** で加えたある液体として適切なものを次のアからオの中から選べ。

ア　食塩水　　イ　砂糖水　　ウ　アンモニア水　　エ　クエン酸水　　オ　エタノール

実験 3　2 本の試験管に濃度の異なる 2 種類の塩酸を 2 mL ずつ用意し，濃度のこい方の塩酸を塩酸 A，うすい方の塩酸を塩酸 B とした。次に，別の試験管に重曹 0.1 g と水 2 mL を入れ，緑色の BTB 液を加えたものを 2 本用意し，この溶液を重曹水とした。重曹水の入った 2 本の試験管の一方には塩酸 A を，もう一方には塩酸 B を少しずつ全量加え，よく混合して溶液の色の変化を観察した。その結果，一方の溶液は塩酸を加える前に比べて色が変化したのに対し，もう一方の溶液は色が変化しなかった。また，塩酸を加え始めてから加え終わるまでの水素イオンの数の変化をグラフに表すと，それぞれ①と②が得られた。

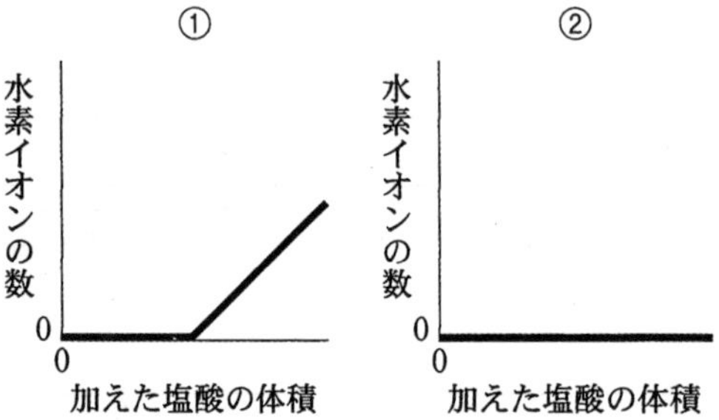

問 3　**実験 3** で，重曹水に塩酸 A および塩酸 B を加え終えたときの溶液の色は，それぞれ何色になっていたか。また，このときの水素イオンの数の変化を表すグラフとして適切なものは①と②のどちらか。最も適当な組み合わせを次のアからカの中からそれぞれ選べ。

	ア	イ	ウ	エ	オ	カ
色	緑色	緑色	黄色	黄色	青色	青色
グラフ	①	②	①	②	①	②

3 図１のように30°と60°の傾斜をもつ斜面があり，滑車が取り付けてある。そこに同じ大きさの物体Ａと物体Ｂを質量の無視できる糸でつないで滑車にかけ，二つの物体を同じ高さのところで静止させた。物体Ａの質量を300 gとして，次の問１と問２に答えよ。ただし，斜面と物体の間，滑車と糸の間には摩《ま》擦《さつ》はないとする。また，100 gの物体にはたらく重力の大きさを１Ｎとする。解答に平方根がでた場合は，$\sqrt{2}=1.41$，$\sqrt{3}=1.73$として計算して答えること。

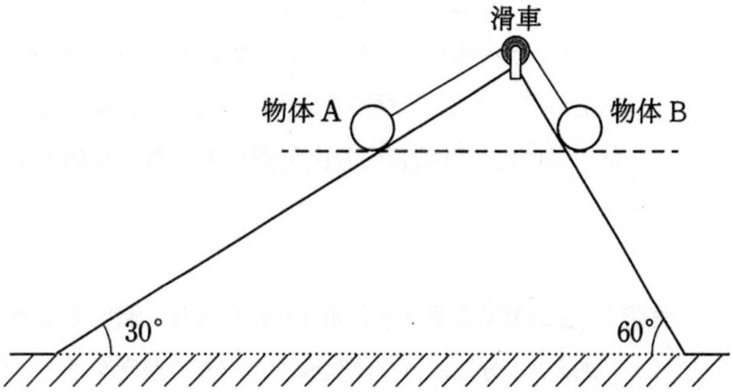

図１

問１　物体Ａにはたらく重力の斜面に平行な成分の大きさは，ア.イ Ｎである。また，物体Ｂの質量は，ウエオ gである。

問２　次に物体ＡとＢをつないでいる糸を静かに切って，物体ＡとＢがそれぞれの斜面をすべる様子を記録タイマー（１秒間に25回打点する）で調べた。図２に示した２本の記録テープ①と②は物体ＡとＢがすべり始めてからの記録の一部分をランダムに切り取ったものである（スタートしてから同じ時間の部分を切り取ったとは限らない）。あとの１から５に答えよ。

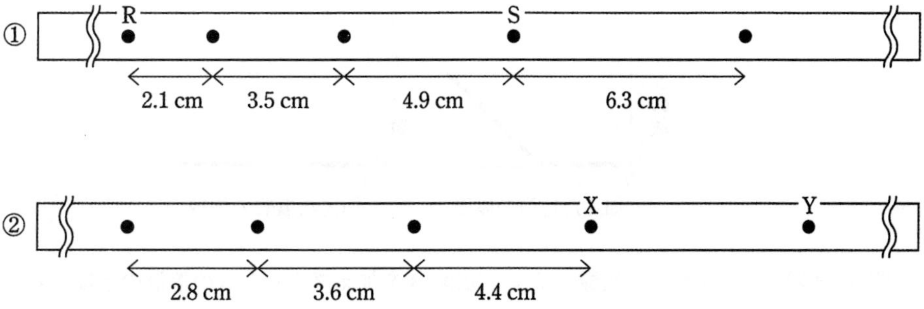

図２

1　物体Aの記録テープは，記録テープ①と記録テープ②のどちらか。解答欄の①または②をマークせよ。

2　記録テープ①で，打点Rから打点Sの間の平均の速さは，［アイ］.［ウ］cm/sである。

3　記録テープ②で，打点Xと打点Yの間隔は，［ア］.［イ］cmである。

4　物体Aと物体Bが同時にすべり始めてからそれぞれの斜面を同じ時間だけすべったとき，物体Bのすべった距離は物体Aがすべった距離の何倍か。最も近いものを次のアからクの中から選べ。ただし，この時，物体Aと物体Bは斜面上にあり下りきっていないものとする。

ア　0.6倍　　イ　0.9倍　　ウ　1.2倍　　エ　1.5倍　　オ　1.8倍
カ　2.1倍　　キ　2.4倍　　ク　2.7倍

5　物体AとBがそれぞれの斜面を下りきる直前の二つの物体の速さの関係を示しているものはどれか。次のアからウの中から選べ。

ア　物体Aの速さ ＞ 物体Bの速さ
イ　物体Aの速さ ＝ 物体Bの速さ
ウ　物体Aの速さ ＜ 物体Bの速さ

4　マナブさんとリカさんは身の回りの自然現象について考えた。次の問１から問３に答えよ。

問１　マナブさんとリカさんは身の回りの石材について調べて，次の表のようにまとめた。下の１から３に答えよ。

石材名（岩石）	特色と用途
稲田石《いなだいし》（花こう岩）	硬さや耐久性，A美しさから，建物外装だけでなく墓石にも使用される。
B鉄平石《てっぺいせき》（安山岩）	硬さや高い耐久性と耐火性から，建物外装などに使用される。
大谷石《おおやいし》（凝灰岩）	比較的やわらかく，耐火性・防湿性にも優れ，（ C ）に使用される。

１　下線部Aに関連して，稲田石の美しさを生み出している外見上の特徴として最も適当なものはどれか。次のアからエの中から選べ。

ア　際立つ白さと見ごたえがある目の粗さ　　イ　際立つ白さときめ細かい層状の模様
ウ　光輝く黒さと見ごたえがある目の粗さ　　エ　光輝く黒さときめ細かい層状の模様

２　下線部Bの鉄平石は，新生代に起こった火山活動によって生じた安山岩である。新生代に生息した生物として最も適当なものはどれか。次のアからカの中から二つ選べ。

ア　サンヨウチュウ　　イ　アンモナイト　　ウ　ビカリア　　エ　ナウマンゾウ
オ　フズリナ　　カ　キョウリュウ

３　空欄Cについて，マナブさんとリカさんが次のような話し合いをした。［ X ］にあてはまる語として適当なものはどれか。下のアからエの中から選べ。

マナブさん：凝灰岩である大谷石は軟らかくて，加工しやすいようだから（C）には「石塀」や「敷石」の語が入るんだろうね。
リカさん：そうだね。大谷石を観察してみると，表面に細かな穴が多いことも分かるよ。それによって空気中の水分を吸うから，防湿性もあるらしいよ。
マナブさん：そうか，大谷石には耐火性もあることだし，（C）には［ X ］をつくる用途が入るほうがいいのかもしれないね。

ア　装飾品　　イ　石像　　ウ　墓　　エ　蔵や倉庫

令和４年度入学者選抜学力検査本試験問題

社　　会 （50分）

（配　点）

1　16点	2　12点	3　8点	4　8点
5　12点	6　16点	7　16点	8　12点

（注意事項）

1　問題冊子は指示があるまで開かないこと。

2　問題冊子は１ページから14ページまである。検査開始の合図のあとで確かめること。

3　検査中に問題冊子の印刷不鮮明，ページの落丁・乱丁及び解答用紙の汚れ等に気づいた場合は，静かに手を高く挙げて監督者に知らせること。

4　解答用紙に氏名と受験番号を記入し，受験番号と一致したマーク部分を塗りつぶすこと。受験番号が「0（ゼロ）」から始まる場合は，0（ゼロ）を塗りつぶすこと。

5　解答には，必ずＨＢの**黒鉛筆**を使用すること。なお，解答用紙に必要事項が正しく記入されていない場合，または解答用紙に記載してある「マーク部分塗りつぶしの見本」のとおりにマーク部分が塗りつぶされていない場合は，解答が無効になることがある。

6　一つの解答欄に対して複数のマーク部分を塗りつぶしている場合，または指定された解答欄以外のマーク部分を塗りつぶしている場合は，有効な解答にはならない。

7　解答を訂正するときは，きれいに消して，消しくずを残さないこと。

1　次の図は，ヨーロッパを示した地図で，AからDは国を示している。この図を見て，問1から問4までの各問いに答えよ。

図

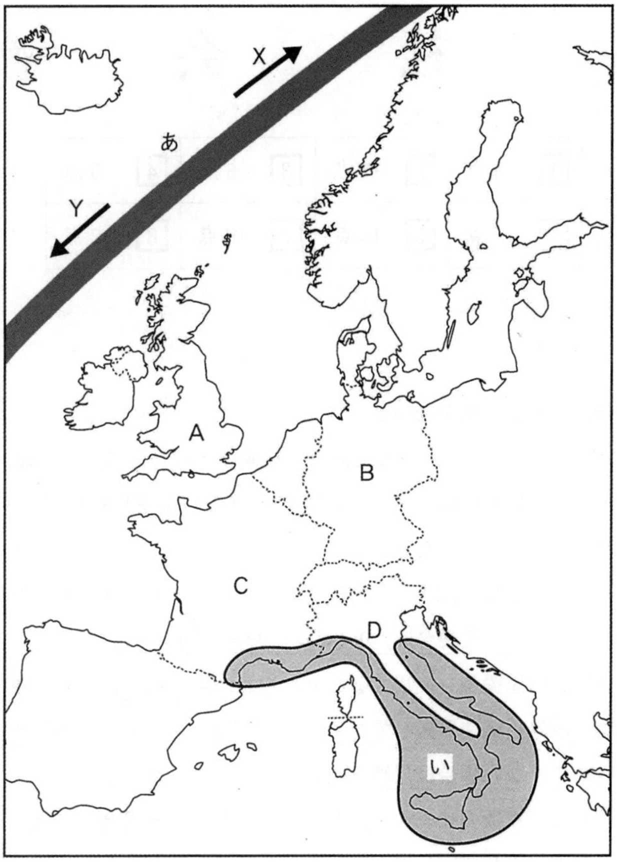

問1　図中のあは，北大西洋海流の流れているおおよその位置を示している。この海流について説明したものとして最も適当なものを，次のアからエのうちから一つ選べ。

ア　寒流であり，Xの方向に流れている。

イ　寒流であり，Yの方向に流れている。

ウ　暖流であり，Xの方向に流れている。

エ　暖流であり，Yの方向に流れている。

問2　図中のいの範囲でおこなわれているおもな農業について説明したものとして最も適当なものを，次のアからエのうちから一つ選べ。

ア　草や水を求めてらくだや羊・やぎなどの家畜とともに移動しながら生活している。

イ　小麦やライ麦，じゃがいも，てんさいなどの畑作と，牛や豚などの飼育を組み合わせた農牧業がおこなわれている。

ウ　牧草を栽培して乳牛を飼い，バターやチーズなどの乳製品を生産している。

エ　夏にオリーブやぶどう，オレンジなどを栽培し，冬は小麦を栽培している。

問3　図中のAからDの国では，ゲルマン系またはラテン系のいずれかの言語を国の公用語としている。ゲルマン系の言語を公用語としている国の組み合わせとして正しいものを，次のアからカのうちから一つ選べ。

ア　AとB　　イ　AとC　　ウ　AとD

エ　BとC　　オ　BとD　　カ　CとD

問4　図中のAからDの国のうち，2020年にＥＵ（ヨーロッパ連合）から離脱した国を，次のアからエのうちから一つ選べ。

ア　A　　イ　B　　ウ　C　　エ　D

2 次の図1中の(い)から(に)について，問1から問3までの各問いに答えよ。

図1

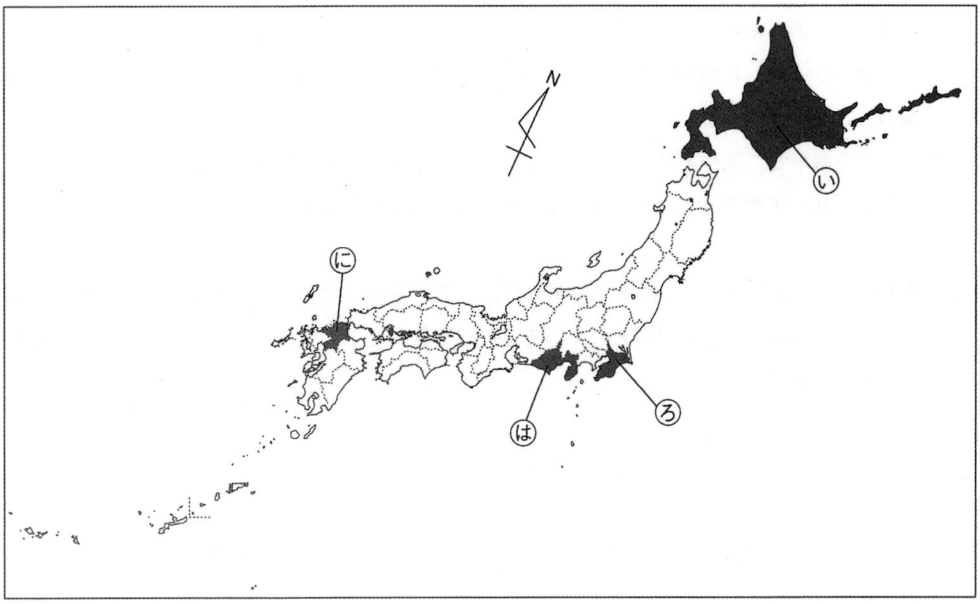

問1 次の図2は，農業産出額とその内訳（比率）を示したものである。図2中のAからDは，図1中の(い)から(に)のいずれかの都道府県が当てはまる。図2中のDに当てはまる都道府県を，次のアからエのうちから一つ選べ。

図2 農業産出額とその内訳(2018年)

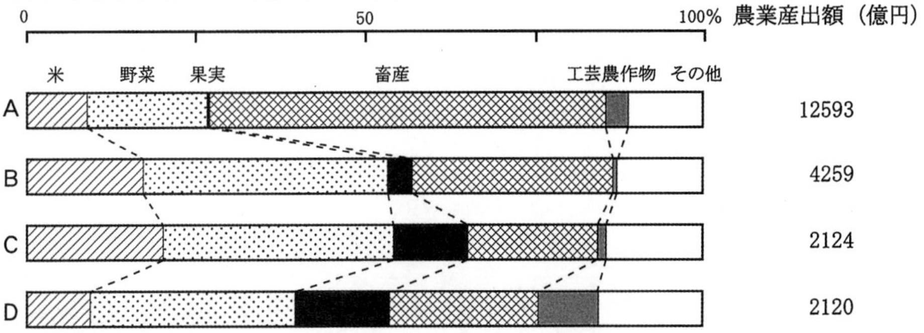

※工芸農作物には，茶・葉たばこ・てんさい・さとうきびなどが含まれる。

（『データでみる県勢 2021』より作成）

ア (い)　　イ (ろ)　　ウ (は)　　エ (に)

問2 次ページの表1は，図1中の(い)から(に)の都道府県別の製造品出荷額とその上位4品目をまとめたものである。表1中のXからZには，石油・石炭製品，輸送用機械，鉄鋼のいずれかが当てはまる。XからZの品目の組み合わせとして正しいものを，次ページのアからカのうちから一つ選べ。

表 1　都道府県の製造品出荷額とその上位 4 品目（2018 年）

	総計（億円）	製造品出荷額　上位 4 品目（構成比：%）			
		1 位	2 位	3 位	4 位
(い)	64136	食料品（34.8）	X（16.5）	Z（6.5）	パルプ・紙（6.2）
(ろ)	132118	X（23.7）	化学（17.8）	Z（13.2）	食料品（12.4）
(は)	176639	Y（25.4）	電気機械（13.9）	化学（10.8）	食料品（7.9）
(に)	103019	Y（34.4）	食料品（10.3）	Z（9.6）	飲料ほか（6.6）

（『データでみる県勢 2021』より作成）

ア	X－石油・石炭製品	Y－輸送用機械	Z－鉄鋼
イ	X－石油・石炭製品	Y－鉄鋼	Z－輸送用機械
ウ	X－輸送用機械	Y－石油・石炭製品	Z－鉄鋼
エ	X－輸送用機械	Y－鉄鋼	Z－石油・石炭製品
オ	X－鉄鋼	Y－石油・石炭製品	Z－輸送用機械
カ	X－鉄鋼	Y－輸送用機械	Z－石油・石炭製品

問 3　次の**表 2** は，都道府県別の外国人延べ宿泊者数とその内訳（一部）を示したものである。**表 2** 中の P から S には，前ページの**図 1** 中の(い)から(に)のいずれかの都道府県が当てはまる。下の**説明文**を参考にして，**表 2** 中の Q に当てはまる都道府県を，後のアからエのうちから一つ選べ。

表 2　外国人延べ宿泊者数とその内訳（千人，2018 年）

	外国人宿泊者数	国籍別の宿泊者数			
		韓国	オーストラリア	アメリカ	シンガポール
P	4116	178	116	338	76
Q	3367	1565	16	63	34
R	8335	1374	142	164	335
S	1794	72	9	43	11

※延べ宿泊者数のため，宿泊人数×宿泊数で示している。

（『データでみる県勢 2020』より作成）

説明文

(い)　良質な雪を求めて観光客が訪れている。季節が逆となる南半球や赤道付近の国々からも人気の観光地となっている。

(ろ)　首都に近い国際空港があるため，観光だけでなくビジネスで来日する外国人も多い。また，世界的に人気のテーマパークがあり，ここを訪れる外国人観光客も多い。

(は)　世界ジオパークに認定された半島があり，観光地としても近年注目されている。また，複数の世界遺産もあり，地方自治体では外国人観光客の誘致に努めている。

(に)　大陸からの玄関口として，古くから船舶での往来が盛んな地域である。現代でもクルーズ船・高速船などを利用して入国する外国人観光客は多い。

ア　(い)　　イ　(ろ)　　ウ　(は)　　エ　(に)

3 図1はある地域の2万5千分1地形図の一部（約1.5倍に拡大）であり，図2はそこから等高線のみを抜き出したものである。また，図3はこの地域のハザードマップから同じ範囲を抜き出したもの（一部改変）であるが，北が上とは限らない。問1，問2に答えよ。

図1　地形図（北が上）

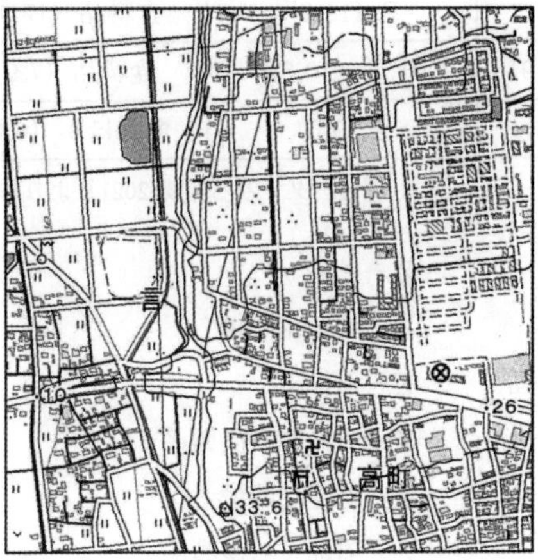

（国土地理院　電子地形図25000）

図2　等高線のみを抜き出した地図（北が上）

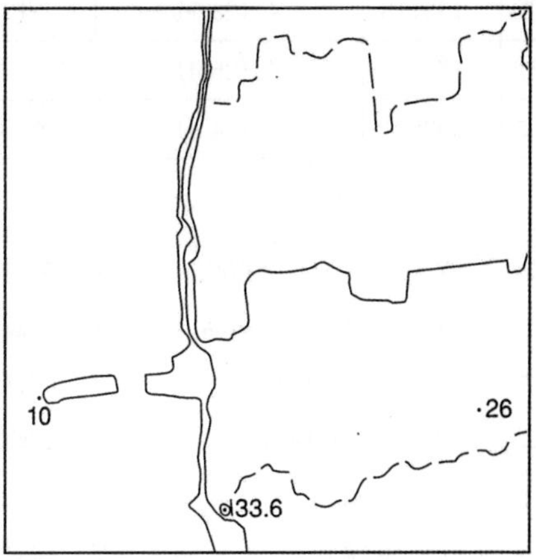

（地理院地図による画像を加工して作成）

図3　ハザードマップ

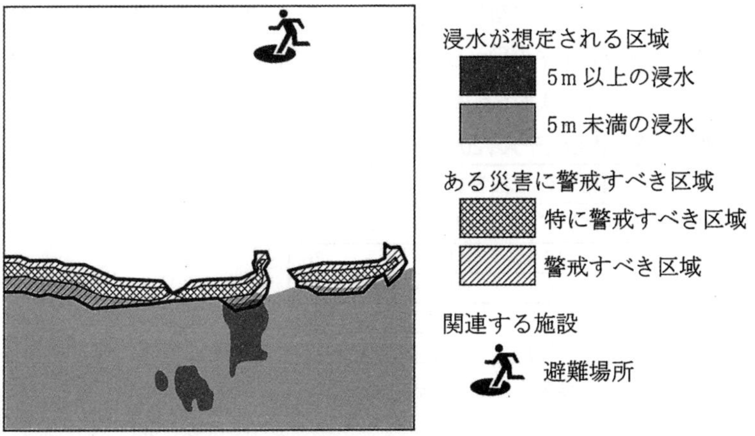

問1　図3において北はどちらの方向か。正しいものを次のアからエのうちから一つ選べ。

ア　図の上　　イ　図の下　　ウ　図の左　　エ　図の右

問2　図3中の「ある災害に警戒すべき区域」は，どのようなところで，どのような災害のおそれがあると考えられるか。図1，図2も参考に，最も適当なものを次のアからエのうちから一つ選べ。

ア　平らな土地なので，地震の際に津波の被害が集中するおそれがある。

イ　急な斜面なので，大雨の際に土砂崩れがおきるおそれがある。

ウ　周囲より標高が低いので，洪水の際に著しく浸水するおそれがある。

エ　周囲より標高が高いので，火山噴火の際に火山灰が集中的に降り注ぐおそれがある。

4　次の**略年表**を見て，問 1，問 2 に答えよ。

略年表

日本の出来事	中国の出来事
	隋がほろび，王朝A が中国を統一する
大宝律令が施行される	
藤原良房《よしふさ》が摂政になる	
	王朝A がほろぶ
	王朝B がおこる
白河上皇が院政をはじめる	
X	X
	フビライ＝ハンが 王朝C の皇帝となり，中国を支配する
建武の新政がおこなわれる	
	王朝D によって，王朝C が北に追われる

問 1　次の**史料**中の下線部「中国」には，**略年表**中の中国の王朝AからDのいずれかが当てはまる。**史料**中の「中国」と同じ王朝を，下のアからエのうちから一つ選べ。なお，**史料**は現代語に訳し，わかりやすくするために一部を補足したり省略したりしてある。

> **史料**
>
> 12 月 21 日。来年，中国に船を派遣することが決定した。…中略… 今日，これまで二度中国行きの船に乗っているある商人と語り合ったところ，勘合を用いた中国との交易で利益をあげるには，生糸の交易に勝《まさ》るものはないという。日本から 10 貫文《かんもん》分の銅を運んで，中国で生糸に交換して持ち帰れば，日本で 40 貫文にも 50 貫文にもなるという。
>
> （『大乗院寺社雑事記』）
>
> ※　貫文…銭貨の単位

ア　王朝A　　**イ**　王朝B　　**ウ**　王朝C　　**エ**　王朝D

問 2　**略年表**中の X の時期に，日本でおこった出来事として正しいものを，次のアからエのうちから一つ選べ。

ア　宮廷で天皇のきさきに仕えた紫式部が『源氏物語』を書いた。

イ　後鳥羽上皇は幕府を倒すために兵を挙げたが，敗れて隠岐《おき》へ流された。

ウ　天智天皇の死後，皇位継承をめぐっておこった内乱に勝利した天武天皇が即位した。

エ　観阿弥と世阿弥の父子は，猿楽や田楽などの芸能から能を大成させた。

5 休日に博物館に行ったある生徒は，展示されていた貨幣《かへい》やその時代の状況に興味を持った。そこで，一部の貨幣をスケッチしたり，展示の説明を書き写したりして，年代順のまとめカードAからDともう一枚を作成した。これらを見て，問1から問3までの各問いに答えよ。

まとめカード

A

●直径は24㎜で，全国各地で出土する。
●銅製と銀製の2種類があった。
●当時の取引は物々交換が中心だったため，政府は貨幣の流通をうながす法令を出した。

B

●定期市では中国から輸入された「洪武通《こうぶつう》寶《ほう》（宝）」や「永樂《えいらく》（楽）通寶《つうほう》（宝）」などが使われた。
●貨幣の流通が広がり，年貢を銭で納めることもあった。

C

●石見《いわみ》銀山では，朝鮮半島から伝わった新しい技術によって銀の産出量が増加した。
●世界の銀の産出量のうち，日本の銀が約3分の1を占めた。
●ポルトガル人イエズス会士が作成したという地図に，石見銀山が記された。
●石見銀山で産出した銀で作られた銀貨が，文禄の役の戦費に使われた。

D

●明治維新直後，政府は江戸時代の単位で通貨を発行した。
●新貨条例によって，円・銭・厘《りん》という新しい通貨単位が制定され，1円＝100銭＝1000厘と定められた。
●明治時代の紙幣には，七福神でもある大《だい》黒天《こくてん》や，菅原道真や中臣鎌足などの肖像が用いられた。

解答用紙　国語

第１面
※100点満点

㋒	㋓
㋒	㋓
㋒	㋓
㋒	㋓
ⓒ	ⓓ
㋒	㋓
㋒	㋓
㋒	㋓
㋒	㋓
㋒	㋓

㋒	㋓
㋒	㋓
㋒	㋓
㋒	㋓
㋒	㋓
㋒	㋓
㋒	㋓
㋒	㋓
㋒	
㋒	
㋒	
㋒	㋓
㋒	㋓

3	問１		㋐	㋑	㋒	㋓
	問２	A	㋐	㋑	㋒	㋓
		B	㋐	㋑	㋒	㋓
		C	㋐	㋑	㋒	㋓
	問３		㋐	㋑	㋒	㋓
	問４		㋐	㋑	㋒	㋓
	問５		㋐	㋑	㋒	㋓
	問６		㋐	㋑	㋒	㋓
	問７		㋐	㋑	㋒	㋓

1 問１・２…２点×５　問３～７…４点×５

2 問１・２…２点×５　問３～５・７・８…４点×５　問６…３点×３

3 問１…２点　問２…３点×３　問３～７…４点×５

解答用紙　数学

第１面
※100点満点

欄

1）	ア	⊖	⓪	①	②	③	④	⑤	⑥	⑦	⑧	⑨
2）	イ	⊖	⓪	①	②	③	④	⑤	⑥	⑦	⑧	⑨
	ウ	⊖	⓪	①	②	③	④	⑤	⑥	⑦	⑧	⑨
	エ	⊖	⓪	①	②	③	④	⑤	⑥	⑦	⑧	⑨
3）	オ	⊖	⓪	①	②	③	④	⑤	⑥	⑦	⑧	⑨
	カ	⊖	⓪	①	②	③	④	⑤	⑥	⑦	⑧	⑨
	キ	⊖	⓪	①	②	③	④	⑤	⑥	⑦	⑧	⑨
	ク	⊖	⓪	①	②	③	④	⑤	⑥	⑦	⑧	⑨
4）	ケ	⊖	⓪	①	②	③	④	⑤	⑥	⑦	⑧	⑨
	コ	⊖	⓪	①	②	③	④	⑤	⑥	⑦	⑧	⑨
5）	サ	⊖	⓪	①	②	③	④	⑤	⑥	⑦	⑧	⑨
	シ	⊖	⓪	①	②	③	④	⑤	⑥	⑦	⑧	⑨
6）	ス	⊖	⓪	①	②	③	④	⑤	⑥	⑦	⑧	⑨
	セ	⊖	⓪	①	②	③	④	⑤	⑥	⑦	⑧	⑨
7）	ソ	⊖	⓪	①	②	③	④	⑤	⑥	⑦	⑧	⑨
	タ	⊖	⓪	①	②	③	④	⑤	⑥	⑦	⑧	⑨
8）	チ	⊖	⓪	①	②	③	④	⑤	⑥	⑦	⑧	⑨
	ツ	⊖	⓪	①	②	③	④	⑤	⑥	⑦	⑧	⑨

1 (1)～(3)・(5)～(8)… 5点×7　(4)ケ… 3点　コ… 2点

解答欄は，第２面に続きます。

解　答　欄

2	(1)	ア	⊖	⓪	①	②	③	④	⑤	⑥	⑦	⑧	⑨
		イ	⊖	⓪	①	②	③	④	⑤	⑥	⑦	⑧	⑨
	(2)	ウ	⊖	⓪	①	②	③	④	⑤	⑥	⑦	⑧	⑨
		エ	⊖	⓪	①	②	③	④	⑤	⑥	⑦	⑧	⑨
		オ	⊖	⓪	①	②	③	④	⑤	⑥	⑦	⑧	⑨
		カ	⊖	⓪	①	②	③	④	⑤	⑥	⑦	⑧	⑨
		キ	⊖	⓪	①	②	③	④	⑤	⑥	⑦	⑧	⑨
		ク	⊖	⓪	①	②	③	④	⑤	⑥	⑦	⑧	⑨
		ケ	⊖	⓪	①	②	③	④	⑤	⑥	⑦	⑧	⑨
	(3)	コ	⊖	⓪	①	②	③	④	⑤	⑥	⑦	⑧	⑨
		サ	⊖	⓪	①	②	③	④	⑤	⑥	⑦	⑧	⑨
		シ	⊖	⓪	①	②	③	④	⑤	⑥	⑦	⑧	⑨
	(4)	ス	⊖	⓪	①	②	③	④	⑤	⑥	⑦	⑧	⑨
		セ	⊖	⓪	①	②	③	④	⑤	⑥	⑦	⑧	⑨

解答用紙　英語

第１面
※100点満点

㋑	㋒	㋓
㋑	㋒	㋓
㋑	㋒	㋓
㋑	㋒	㋓
㋑	㋒	㋓

㋑	㋒	㋓
㋑	㋒	㋓
㋑	㋒	㋓
㋑	㋒	㋓
㋑	㋒	㋓

㋑	㋒	㋓		
㋑	㋒	㋓		
㋑	㋒	㋓		
㋑	㋒	㋓		
㋑	㋒	㋓		
㋑	㋒	㋓		
㋑	㋒	㋓	㋔	㋕
㋑	㋒	㋓	㋔	㋕

4	1	3番目	㋐	㋑	㋒	㋓	㋔	㋕
		5番目	㋐	㋑	㋒	㋓	㋔	㋕
	2	3番目	㋐	㋑	㋒	㋓	㋔	㋕
		5番目	㋐	㋑	㋒	㋓	㋔	㋕
	3	3番目	㋐	㋑	㋒	㋓	㋔	㋕
		5番目	㋐	㋑	㋒	㋓	㋔	㋕
	4	3番目	㋐	㋑	㋒	㋓	㋔	㋕
		5番目	㋐	㋑	㋒	㋓	㋔	㋕
	5	3番目	㋐	㋑	㋒	㋓	㋔	㋕
		5番目	㋐	㋑	㋒	㋓	㋔	㋕

5	問1	(1)	㋐	㋑	㋒	㋓
		(2)	㋐	㋑	㋒	㋓
		(3)	㋐	㋑	㋒	㋓
	問2	(1)	㋐	㋑	㋒	㋓
		(2)	㋐	㋑	㋒	㋓

6	問1	㋐	㋑	㋒
	問2	㋐	㋑	㋒
	問3	㋐	㋑	㋒
	問4	㋐	㋑	㋒
	問5	㋐	㋑	㋒
	問6	㋐	㋑	㋒
	問7	㋐	㋑	㋒

1　2点×5
2　3点×5
3　3点×8
4　3点×5
5　3点×5
6　3点×7

解答用紙　理科

第１面
※100点満点

答　欄

問１	㋐	㋑	㋒	㋓	㋔			
問２	㋐	㋑	㋒	㋓	㋔	㋕	㋖	㋗
問３	㋐	㋑	㋒	㋓	㋔			
問４	㋐	㋑	㋒	㋓				
問５	㋐	㋑	㋒	㋓	㋔	㋕		
問６	㋐	㋑	㋒	㋓				
問７	㋐	㋑	㋒	㋓				
問８	㋐	㋑	㋒	㋓				

問１	1		㋐	㋑	㋒	㋓	㋔	㋕				
	2		㋐	㋑	㋒	㋓	㋔	㋕	㋖			
			㋐	㋑	㋒	㋓	㋔	㋕	㋖			
			㋐	㋑	㋒	㋓	㋔	㋕	㋖			
	3	ア	⓪	①	②	③	④	⑤	⑥	⑦	⑧	⑨
		イ	⓪	①	②	③	④	⑤	⑥	⑦	⑧	⑨
		ウ	⓪	①	②	③	④	⑤	⑥	⑦	⑧	⑨
問２			㋐	㋑	㋒	㋓	㋔					
問３	塩酸A		㋐	㋑	㋒	㋓	㋔	㋕				
	塩酸B		㋐	㋑	㋒	㋓	㋔	㋕				

1　２点×８

2　問１．１・問１．３・問３…３点×３　問１．２…１点×３　問２…２点

解答欄は，第２面に続きます。

解　答　欄

3	問 1	ア		⓪	①	②	③	④	⑤	⑥	⑦	⑧	⑨
		イ		⓪	①	②	③	④	⑤	⑥	⑦	⑧	⑨
		ウ		⓪	①	②	③	④	⑤	⑥	⑦	⑧	⑨
		エ		⓪	①	②	③	④	⑤	⑥	⑦	⑧	⑨
		オ		⓪	①	②	③	④	⑤	⑥	⑦	⑧	⑨
	問 2	1		①	②								
		2	ア	⓪	①	②	③	④	⑤	⑥	⑦	⑧	⑨
			イ	⓪	①	②	③	④	⑤	⑥	⑦	⑧	⑨
			ウ	⓪	①	②	③	④	⑤	⑥	⑦	⑧	⑨
		3	ア	⓪	①	②	③	④	⑤	⑥	⑦	⑧	⑨
			イ	⓪	①	②	③	④	⑤	⑥	⑦	⑧	⑨
		4		㋐	㋑	㋒	㋓	㋔	㋕	㋖	㋗		
		5		㋐	㋑	㋒							

4	問 1	1		㋐	㋑	㋒	㋓		
		2		㋐	㋑	㋒	㋓	㋔	㋕
				㋐	㋑	㋒	㋓	㋔	㋕
		3		㋐	㋑	㋒	㋓		
	問 2	1	Y	㋐	㋑	㋒	㋓		
			Z	㋐	㋑	㋒	㋓		
		2		㋐	㋑	㋒	㋓		
	問 3	(1)		㋐	㋑	㋒	㋓	㋔	㋕
		(2)		㋐	㋑	㋒	㋓	㋔	㋕

解答用紙　社会

第１面
※100点満点

㋑	㋒	㋓		
㋑	㋒	㋓		
㋑	㋒	㋓	㋔	㋕
㋑	㋒	㋓		

㋑	㋒	㋓		
㋑	㋒	㋓	㋔	㋕
㋑	㋒	㋓		

㋑	㋒	㋓
㋑	㋒	㋓

㋑	㋒	㋓
㋑	㋒	㋓

㋑	㋒	㋓	
㋑	㋒	㋓	
㋑	㋒	㋓	㋔

㋑	㋒	㋓		
㋑	㋒	㋓	㋔	㋕
㋑	㋒	㋓	㋔	㋕
㋑	㋒	㋓		

7	問１	㋐	㋑	㋒	㋓		
	問２	㋐	㋑	㋒	㋓	㋔	㋕
	問３	㋐	㋑	㋒	㋓		
	問４	㋐	㋑	㋒	㋓		

8	問１	㋐	㋑	㋒	㋓
	問２	㋐	㋑	㋒	㋓
	問３	㋐	㋑	㋒	㋓

1　４点×４
2　４点×３
3　４点×２
4　４点×２
5　４点×３
6　４点×４
7　４点×４
8　４点×３

令和４年度

国立 高等専門学校

KOSEN

解答と解説

教英出版

国語解答

1 問1．①エ　②イ　③ウ　④ウ　問2．c　問3．イ　問4．ア　問5．ウ　問6．エ
問7．ア

2 問1．①ウ　②ア　③エ　問2．(a)イ　(b)エ　問3．ア　問4．イ　問5．ア
問6．A．ウ　B．ア　C．イ　問7．ウ　問8．ア

3 問1．イ　問2．A．ウ　B．エ　C．イ　問3．エ　問4．ア　問5．ウ　問6．イ
問7．エ

国語解説

1 **問2**　cの「ない」は、形容詞「はかない」の一部である。他は、「ない」を「ぬ」に置き換えても意味が通るので、打ち消しの助動詞「ない」である。

問3　3段落目に「何らかの仕方でその世界の外に出て、あらためてその世界を見返したときに、はじめてそれが、何であるかが～わかる」とある。西行は、「生きることが夢のようにしか感じられないこの世から『おどろき』目覚めたい」と思い、そうなることを願って出家し、旅を重ね、歌を作り続けた。出家するといった行動は、「何らかの仕方でその世界の外に出て、あらためてその世界を見返す」ことにあたる。西行は、そうすることで、この世界が何であるかを理解しようとしたのである。よって、イが適する。

問4　傍線部(2)は、同じ一文にある「この世に生きることが『夢』のようである」という感覚である。3段落目にあるように、西行は、「生きることが夢のようにしか感じられないこの世から『おどろき』目覚めたい」と願って、出家した。それは、「その世界の中にすっぽりと入り込んでいる」状態から抜け出すということである。逆に、「おどろき」目覚めることなく、夢のようにこの世に生きることは、現実の「世界の中にすっぽりと入り込ん」だまま生きるということである。よって、アが適する。

問5　傍線部(4)の前後の内容に着目する。「おどろき」は、「何か自分以外のものに『おどろかされる』こと」でおこる。独歩は「ひたすらそうした何ものかを待ち続けた」が、「それは、みずからは手をこまねいて何もしないということではない。まだ来ない『おどろき』へとつねに身と心を開いて待つということであった」とある。傍線部(3)の「その時(＝驚きさめて見む時)あれともがくなり」とは、「おどろき」が来る時を、能動的にもがいて待つ、つまり、「つねに身と心を開いて」待ち続けるということを言っている。よって、ウが適する。

問6　傍線部(3)のあとに、「西行がそうであったように、独歩もまた、生涯、『おどろきたい。』と願った」とある。独歩の代表作である「『おどろきたい。』ということを主題にした短編」には、「おどろきたい」というのは、「世間的な習慣や制度的なものの見方・感じ方にずっぽりと馴《な》れなずんでいる自分をあらためて奮い起こし、新鮮な感受性をもって世界や宇宙に向かい合いたいという願い」だと書かれている。傍線部(4)の前後にあるように、人は、自分で「『勝手に驚く』ことはでき」ず、「何か自分以外のものに『おどろかされる』ことにおいて、はじめて『おどろく』ことができる」。そのため、「ひたすらそうした何ものかを待ち続け」る必要がある。よって、下線部の内容をまとめたエが適する。

問7　直後の段落で、傍線部(5)の内容を説明している。人生には、夏休みの前後の時間はない。「であるとしたら、夏休みの内部において、それなりの展開を持った、メリハリがあっておもしろい、それ自体として充実した時間に

する以外ない」とあり、傍線部⑸は、人生をそのように生きなさいと言っているのである。人生を充実した時間にするためには、「浅き夢」を「いわば『深き夢』あるいは『濃き夢』へと仕立て上げ、のめり込んでいけば」よいとある。つまり、人生にきちんと向き合うことで、人生を充実した時間にすることができるのである。よって、下線部の内容をまとめたアが適する。

2 **問3**　次の段落に、生物学が新しい領域を広げていき、二〇世紀後半には、「基礎研究の成果がそのまま、人間についての言明に直結するという事態を招来した」とある。つまり、生命に関わる科学の領域が広がり、科学の研究成果がそのまま人間に当てはまるようになったのである。そして、次の段落にあるように、そうした研究成果を、「科学界の『外』」、つまり専門家以外の人々も受け取れるようになったのである。よって、アが適する。

問4　直後に「無意識の価値判断や好みがはたらいて初めて、(科学的事実と価値判断を含んだ考えが)つながっているように感じるにすぎない」とある。また、「価値は事実には還元できない」ともある。つまり、科学的事実から直接、必然的に価値判断を含んだ考えを導き出すことはできない。よって、イが適する。

問5　直前の２段落に、傍線部⑶の理由が書かれている。特に「『科学的事実』が世に出たときに～ぼくたち自身、そういう『説明』を求めているところがある」「ぼくたちは自然現象や心理現象については～満足してしまう傾向」があるという部分に着目する。ここでは、一般市民の側も、科学的知識にもとづいた説明を求め、「自然主義の誤《ご》謬《びゅう》」を犯してしまう傾向があるということを言っている。よって、アが適する。

問6　図アは、科学的用語の有無にかかわらず、不適切な説明に対する満足度が低いので、Ｂに対応している。図イは、図ウと比べて、適切な説明のうち科学的用語があるものを、それがないものよりかなり高く評価している。よって、図イはＣ、図ウはＡに対応している。

問7　傍線部⑸の前後に「その知識を使わないほうがより適切な場面でも知識を使ってしまう誘惑に、ぼくたちは駆られている」「実際にはその知識を当てはめるのが不適切な場合でも一見科学的な説明をしがちになってしまう」とある。また、破線部ＡとＣから、一般人や学生は、不適切な説明であっても、科学的用語がある説明を、科学的用語がないものより高く評価することがわかり、傍線部⑸の２行後には、「説明を受ける側が～一見科学的な装いをまとっただけの説明のほうを好んでしまう」とある。さらに、傍線部⑸の直前には、「知識の誘惑幻惑効果」は、様々な分野で広くみられるとある。これらの下線部とウの内容が一致する。アは「説明をする側である科学者は」などが、イは「専門家にとっても非常に難しい」が、エは「専門家も幻惑して～使えなくさせる」が誤り。

問8　傍線部⑹の前後の内容に着目する。科学的に厳密な言明は、「日常の生活場面での行動指針としては」まったく役に立たないことになりがちだとある。また、一般市民にとって、科学的知識は、「日常生活場面の『どこ』に、『どのように』当てはめることができるのか」が「わからない」と述べている。よって、アが適する。

3 **問2Ａ**　破線部ｄの３行後で、小町さんは、160 年前のことを「つい最近」だと言っている。これは、ウにあるように「ゆったりとした時間の捉え方を示して」いる。　**Ｂ**　破線部ｂの直後の小町さんの話は、自分の思い込みでダーウィンのことを悪く言う浩弥に対し、もっと広い視点で物事を見ることが大事だと伝えるものである。よって、エが適する。　**Ｃ**　浩弥は、ダーウィンばかりがもてはやされて、ウォレスが不憫《ふびん》だと言っている。これは、世間で広く認められることに価値があるという考え方にもとづく見方である。破線部ｃの直後の小町さんの話は、これとは異なる見方を示すものである。よって、イが適する。

問3　浩弥は、本でウォレスのことを知り、ウォレスについていろんなことを考えた。つまり、この世界にウォレスのことを知り、ウォレスについて考えたことのある人間が一人増えたのである。小町さんは、このことが「生きる場所を作った」ことになると言っている。ウォレスはもう亡くなっているので、「生きる場所を作」るとは、そ

の人物が生きた意味や証《あかし》が残るという意味だと考えられる。よって、エが適する。

問４　淘汰《とうた》されるとは、不必要なものとして取り除かれたり、滅びたりすること。160 年前までの「ヨーロッパでは、生物はすべて神が最初からその形に創ったもので、これまでもこれからも姿を変えることなんかない」と固く信じられていた。ダーウィンが発表しようとした進化論は、こうした考え方とは相いれないものである。ダーウィンは、当時のヨーロッパ社会の常識に合わない考えを持つ自分が、不必要なものとして取り除かれる、つまり迫害されるのを恐れたのである。よって、アが適する。

問５　直後に、160 年前の人たちに飛行機のような「乗り物があると話しても誰も信じないだろう」とある。飛行機と進化論には共通点がある。自分自身を信じ続けた研究者たちの行動によって、「ありえないって思われていた」進化論は常識になった。同じように、自分を信じ続けた人びとの手によって、ありえないと思われていた飛行機の開発は成功し、現在ではあたりまえのものとして受け入れられている。よって、ウが適する。

問６　問２のＣと問３の解説を参照。世間で広く認められることに価値があると考えていた浩弥に対し、小町さんは、浩弥がウォレスのことを知り、ウォレスについて考えたことは、この世界にウォレスの生きる場所を作ったということではないかと言った。この世界にウォレスの生きる場所を作るというのは、ウォレスがこの世に存在した意味を作ったということである。傍線部⑷の直前に「歴史に名が刻まれるなんて、うんと後のことよりも～誰かの人生の中で心に残るような絵が一枚でも描けたら」とある。浩弥がここで考えていることは、自分がウォレスを想い、その居場所、つまり生きた意味を作ったように、世間で広く認められなくても、自分も誰かの心に残る絵を描くことでその誰かに想われ、それが自分の居場所、つまり生きる意味になるのではないかということである。よって、イが適する。

問７　問６の解説も参照。浩弥は、図書館で紹介された本の内容や小町さんとのやりとりを通して、新たな見方を手に入れ、視野が広がっていった。そして、旧友の征太郎との会話の中で、自分の「小さなひとこと」が、彼に大きな影響や力を与えていたことに気づかされた。また、浩弥は高校生のころ、「人の心に残るイラストを描く」という目標を立てていた。それがいつの間にか、「歴史に名を残す」つまり、世間で広く認められることを望むようになっていたことに気づく。こうして様々な出来事が重なって、浩弥は自分の目標を見出し、生きる力を取り戻した。よって、エが適する。

数学解答

1　⑴ア．４　⑵イ．－　ウ．４　エ．３　⑶オ．１　カ．５　キ．１　ク．６　⑷ケ．３　コ．７
⑸サ．０　シ．４　⑹ス．２　セ．３　⑺ソ．５　タ．０　⑻チ．１　ツ．０

2　⑴ア．１　イ．４　⑵ウ．２　エ．１　オ．４　カ．３　キ．２　ク．９　ケ．４
⑶コ．１　サ．５　シ．２　⑷ス．２　セ．４

3　⑴ア．５　イ．４　⑵ウ．１　エ．４　オ．３
⑶カ．１　キ．２　ク．２　ケ．１　コ．０　サ．２

4　⑴ア．１　イ．９　ウ．８　エ．４　⑵オ．－　カ．１　キ．２　⑶ク．３　ケ．－　コ．５
⑷サ．１　シ．４

数学解説

1 (1) 与式$=(5.2+4.8)(5.2-4.8)=10\times0.4=4$

(2) $5x+6y=-2$…①，$-4x+3y=25$…②とする。

①－②×２でyを消去すると，$5x+8x=-2-50$　$13x=-52$　$x=-4$

①に$x=-4$を代入すると，$-20+6y=-2$　$6y=18$　$y=3$

(3) **【解き方】１－(表が１枚も出ない確率)で求める。**

４枚の硬貨の表裏の出方は全部で，$2\times2\times2\times2=16$(通り)　そのうち，表が１枚も出ないのは，４枚とも裏になる１通りだから，表が１枚も出ない確率は，$\frac{1}{16}$である。よって，求める確率は，$1-\frac{1}{16}=\frac{15}{16}$

(4) **【解き方】全体のデータを中央で半分に分ける。小さい方のデータの中央値が第１四分位数，大きい方のデータの中央値が第３四分位数となる(データの総数が奇数の場合，中央値を除いて半分にする)。**

10個のデータを小さい順に並べると，２，２，２，２，２，<u>４，４，７，７，10</u>となる。

第２四分位数(中央値)は，５番目と６番目の点数の平均だから，$(2+4)\div2=3$

第３四分位数は，下線部の５個のデータの中央値だから，７である。

(5) **【解き方】$y=\frac{1}{4}x^2$のグラフは上に開いた放物線だから，xの絶対値が大きいほどyの値は大きくなる。**

$-2\leqq x\leqq4$でのyの最大値は，$x=4$のときの，$y=\frac{1}{4}\times4^2=4$

xの変域が０を含むからyの最小値は，０　よって，$0\leqq y\leqq4$

(6) **【解き方】交点の座標を求めてから，それを$y=ax^2$に代入する。**

$y=\frac{4}{3}x+2$に$x=-1$を代入すると，$y=-\frac{4}{3}+2=\frac{2}{3}$

$y=ax^2$に$x=-1$，$y=\frac{2}{3}$を代入すると，$\frac{2}{3}=a\times(-1)^2$　$a=\frac{2}{3}$

(7) **【解き方】右図のように記号をおき，「へこみのある四角形(ブーメラン型)の角度」を利用する。**

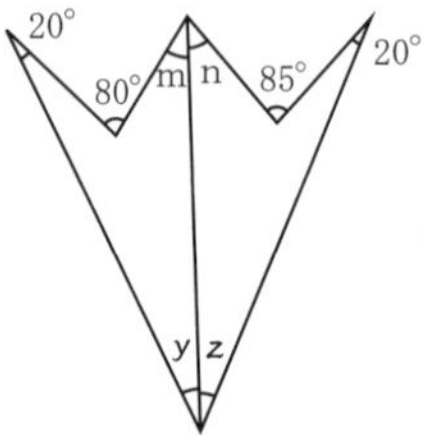

へこみのある四角形(ブーメラン型)の角度

右図の太線のようなブーメラン型の図形において，

三角形の外角の性質から，∠d＝∠a＋∠b，

∠p＝∠c＋∠d＝∠c＋(∠a＋∠b)だから，

∠p＝∠a＋∠b＋∠c

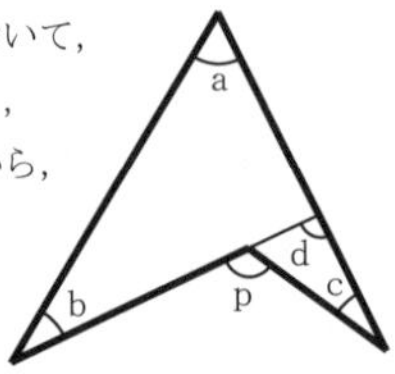

$\angle y=80°-20°-\angle m=60°-\angle m$

$\angle z=85°-20°-\angle n=65°-\angle n$

よって，$\angle x=\angle y+\angle z=60°-\angle m+65°-\angle n=125°-(\angle m+\angle n)=125°-75°=50°$

(8) **【解き方】円すいの展開図は右図のようになる。**

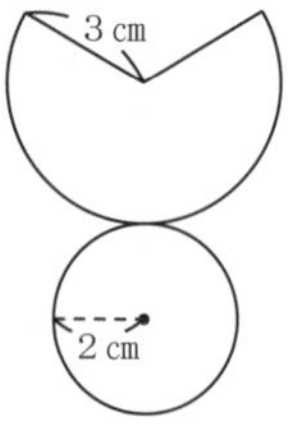

側面のおうぎ形の弧の長さは底面の円周に等しく，$2\pi\times2=4\pi$(cm)

おうぎ形の面積は$\frac{1}{2}\times$(弧の長さ)×(半径)で求められるから，側面積は，$\frac{1}{2}\times4\pi\times3=6\pi$(cm²)

なお，円すいの側面積は，(底面の半径)×(母線の長さ)×πで求めることができるので，

側面積は，$2\times3\times\pi=6\pi$(cm²)と求めることもできる。

底面積は$2^2\pi=4\pi$(cm²)だから，表面積は，$6\pi+4\pi=10\pi$(cm²)

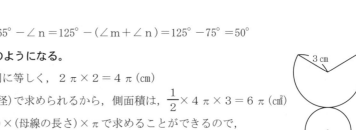

2 ⑴ **【解き方】$0 \leqq x \leqq 3$のとき，重なる部分は右図のように△ABCと相似な直角三角形になる。**

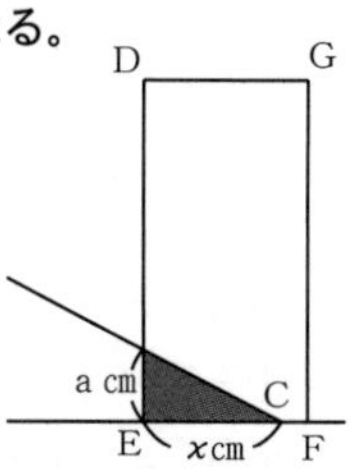

△ABCにおいて，AB：BC＝6：12＝1：2だから，右図において，a：x＝1：2

よって，$a=\frac{1}{2}x$だから，$y=\frac{1}{2}\times x\times\frac{1}{2}x=\frac{1}{4}x^2$

⑵ **【解き方】$3 \leqq x \leqq 12$のとき，重なる部分は右図のように台形になる。△IFC，△HECは△ABCと相似である。**

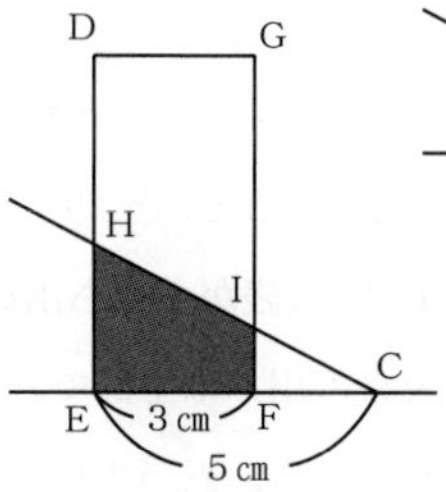

CF＝5－3＝2(cm)，$IF=\frac{1}{2}CF=1$(cm)，$HE=\frac{1}{2}CE=\frac{5}{2}$(cm)

したがって，$x=5$のとき，$y=\frac{1}{2}\times(1+\frac{5}{2})\times 3=\frac{21}{4}$

CE＝$x$cmとすると，CF＝$(x-3)$cm，$IF=\frac{1}{2}CF=\frac{x-3}{2}$(cm)，

$HE=\frac{1}{2}CE=\frac{1}{2}x$(cm)と表せるから，

$y=\frac{1}{2}\times(\frac{x-3}{2}+\frac{1}{2}x)\times 3=\frac{6x-9}{4}=\frac{3}{2}x-\frac{9}{4}$

⑶ **【解き方】長方形DEFGの面積は6×3＝18(cm²)だから，⑴と⑵で求めた式に，$y=\frac{18}{2}=9$を代入する。**

$0 \leqq x \leqq 3$のとき$y=\frac{1}{4}x^2$だから，$y=9$を代入すると，$9=\frac{1}{4}x^2$　　$x=\pm 6$

どちらの解も$1 \leqq x \leqq 3$に合わない。

$3 \leqq x \leqq 12$のとき，$y=\frac{3}{2}x-\frac{9}{4}$だから，$y=9$を代入すると，$9=\frac{3}{2}x-\frac{9}{4}$　　$x=\frac{15}{2}$

これは$3 \leqq x \leqq 12$を満たす。よって，$x=\frac{15}{2}$

⑷ **【解き方1】$0<h<2$だから，xの値が1から$1+h$まで増加するとき，xの値は$0 \leqq x \leqq 3$を満たす。したがって，$y=\frac{1}{4}x^2$において，(yの増加量)÷(xの増加量)を求める。**

$y=\frac{1}{4}x^2$に$x=1$を代入すると，$y=\frac{1}{4}$　　$y=\frac{1}{4}x^2$に$x=1+h$を代入すると，$y=\frac{1}{4}(1+h)^2=\frac{h^2+2h+1}{4}$

よって，求める変化の割合は，$(\frac{h^2+2h+1}{4}-\frac{1}{4})\div\{(1+h)-1\}=\frac{h+2}{4}$

【解き方2】$y=px^2$のグラフの上に，x座標がmとnの2点があるとき，この2点を通る直線の傾き(変化の割合)は$p(m+n)$で求められることを利用する。

$y=\frac{1}{4}x^2$においてxの値が1から$1+h$まで増加するときの変化の割合だから，$\frac{1}{4}\{1+(1+h)\}=\frac{h+2}{4}$

3 ⑴ **【解き方】円に内接する四角形において，向かい合う内角の和は180°になることを利用する。**

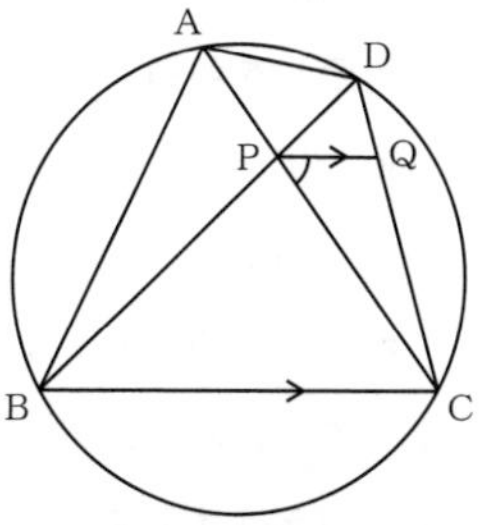

∠BCD＝180°－∠DAB＝180°－105°＝75°

同じ弧に対する円周角は等しいから，∠ACD＝∠ABD＝21°

よって，∠ACB＝75°－21°＝54°で，平行線の錯角は等しいから，

∠CPQ＝∠ACB＝54°

⑵ **【解き方】PCを1辺にもつ三角形と相似な三角形を探す。円周角の定理と平行線の錯角が等しいことから右のように作図できるので，△ADB∽△QPCである。**

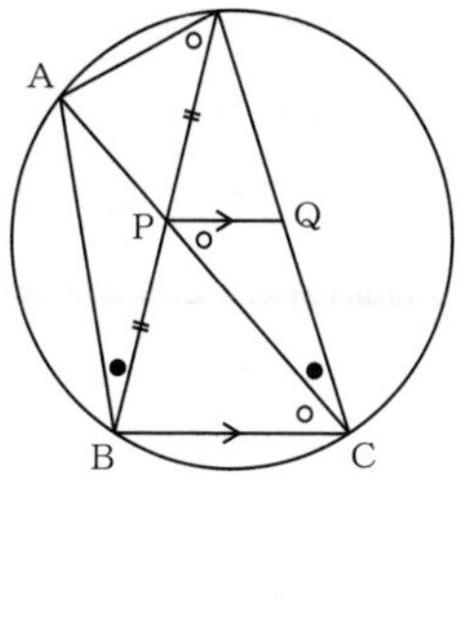

△DBCにおいて，PがBDの中点でPQ//BCだから，中点連結定理より，

$PQ=\frac{1}{2}BC=\frac{1}{2}\times 4=2$

△ADB∽△QPCより，DB：PC＝AD：QP　　7：PC＝3：2

$PC=\frac{7\times 2}{3}=\frac{14}{3}$

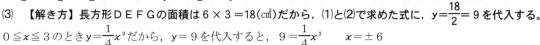

⑶　**【解き方】ＢＣが直径だから，右図のように90°の角がわかる。したがって，ＤＣとＤＰの長さからＰＣの長さを求められる。ＡＤについては，ＡＤを１辺に持つ三角形と相似な三角形を探す。**

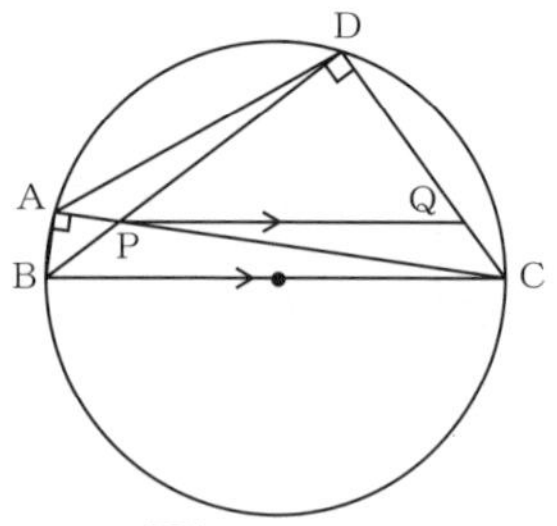

三平方の定理より，$DB=\sqrt{BC^2-CD^2}=\sqrt{20^2-12^2}=16$

$PQ/\!/BC$より，$\triangle DBC \backsim \triangle DPQ$だから，$DB:DP=BC:PQ$

$16:DP=20:15$　　$DP=\dfrac{16\times 15}{20}=12$

よって，$DP=DC=12$だから，$\triangle DPC$は直角二等辺三角形なので，$PC=\sqrt{2}DP=12\sqrt{2}$

また，$\triangle ADP \backsim \triangle BCP$だから，$AD:BC=DP:CP$　　$AD:20=12:12\sqrt{2}$　　$AD=\dfrac{20\times 12}{12\sqrt{2}}=10\sqrt{2}$

4　⑴　右図①のようになるので，ユニット３の出力は，$x=19$，$y=84$

図①

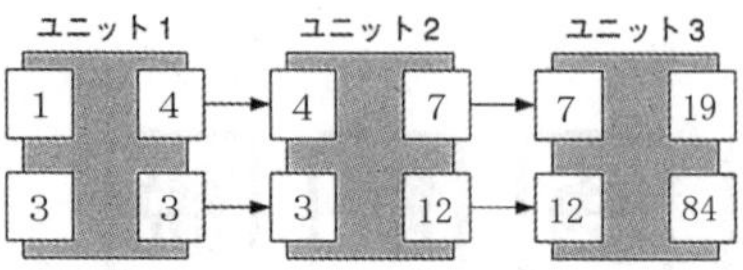

図②

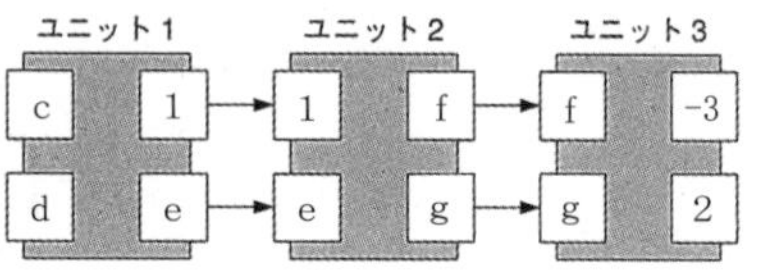

⑵　**【解き方】右図②のように記号をおく。ユニット３からプログラムをさかのぼっていく。**

ユニット１の入力ａ，ｂの値が整数だから，すべてのユニットの入力・出力に現れる値は整数である。

ｆとｇは積が２で和が－３の２つの整数だから，－１と－２である。

$f=-1$，$g=-2$の場合，ｆより$e=-1-1=-2$，ｇより$e=-2\div 1=-2$でｅが一致する。

ｃとｄは積が－２，和が１の２つの整数だから，$c<d$より，$c=-1$，$d=2$

$f=-2$，$g=-1$の場合，ｆより$e=-2-1=-3$，ｇより$e=-1\div 1=-1$でｅが一致しないから，条件に合わない。

よって，$a=-1$，$b=2$

⑶　**【解き方】右図のように記号をおき，ｈの方程式を立てる。**

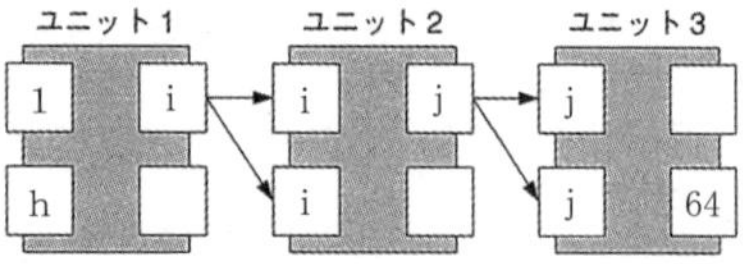

$i=h+1$，$j=(h+1)+(h+1)=2h+2$だから，

$(2h+2)^2=64$が成り立つ。したがって，$2h+2=\pm 8$

$h+1=\pm 4$　　$h=-1\pm 4$　　$h=3,\ -5$

よって，ユニット１の入力ｂの値は３または－５である。

⑷　**【解き方】求める値をｍとし，$y=mx^2$のxとyに，ユニット２，３の出力の値を代入する。**

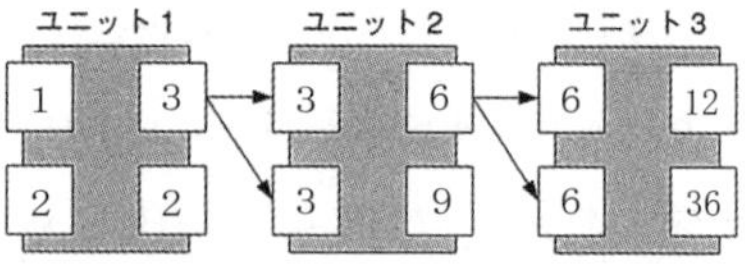

右図のようになるので，ユニット２より，$y=mx^2$に

$x=6$，$y=9$を代入すると，$9=m\times 6^2$　　$m=\dfrac{1}{4}$

ユニット３より，$y=mx^2$に$x=12$，$y=36$を代入すると，$36=m\times 12^2$　　$m=\dfrac{1}{4}$

よって，いずれも$m=\dfrac{1}{4}$で一致するので，$y=\dfrac{1}{4}x^2$が成り立つ。

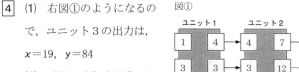

英語解答

1 1．エ　2．ウ　3．エ　4．イ　5．ア

2 1．ア　2．ウ　3．イ　4．エ　5．ア

3 問1．(1)イ　(2)エ　(3)ア　(4)ウ　(5)ウ　(6)イ　問2．(1)イ　(2)ウ

4 ［3番目／5番目］ 1．［エ／イ］　2．［イ／エ］　3．［オ／エ］　4．［ウ／オ］　5．［カ／ア］

5 問1．(1)イ　(2)エ　(3)ア　問2．(1)ウ　(2)エ

6 問1．ウ　問2．ア　問3．ウ　問4．イ　問5．イ　問6．ア　問7．ウ

英語解説

1　1　上の文は「そのニュースは私を悲しい気持ちにさせた」，下の文は「私はそのニュースで悲しい気持ちになった」という意味。　・make＋人＋～の状態「(人) を(～の状態)にする」　・because of ～「～の理由で」

2　上の文は「スタジアムに行くにはどのバスに乗ったらいいでしょうか？」，下の文は「スタジアムに行くのはどのバスですか？」という意味。　・take a bus to ～「～行きのバスに乗る」

3　上の文，下の文ともに「私があなたにメッセージを送りましょうか？」という意味。　・Shall I ～「私が～しましょうか？」　・want＋人＋to ～「(人)に～してほしい」

4　上の文，下の文ともに「彼女はさよならも言わずに部屋を出て行った」という意味。　・go out of ～「～から出て行く」　・without ～ing「～することなしに」

5　上の文は「母は今，私と出かけられない。母の頭痛が治ればいいのに」，下の文は「私は今，母と出かけられない。なぜなら母は頭が痛いからだ」という意味。上の文は，現在の事実と違うことを表す仮定法過去の文。I wish に続く文は過去形にする。

2　1　A「ジムの事務所の電話番号は何だっけ？」→B「042-XXX-YYYY だよ」→A「ごめん。アもう1度言ってくれる？」→B「いいよ，042-XXX-YYYY だよ」の流れ。

2　A「休暇はいかがでしたか？」→B「とても良かったです。素晴らしい時間を過ごしました」→A「ウ週末に帰って来たのですか？」→B「いいえ，水曜日です。そこには1週間滞在しました」の流れ。

3　A「今日の放課後に私とテニスをしない？」→B「残念，無理なんだ。今日は宿題をしなければならないんだよ」→A「それなら，明日はどう？」→B「イそれなら大丈夫だ」→A「やった！明日4時に待ち合わせしない？」の流れ。　・have/has to ～「～しなければならない」　・Shall we ～?「一緒に～しませんか？」

4　A「じゃあ，クラスの皆さん。次の問題は難しいですよ。答えがわかりますか，タロウ？」→B「答えは 21 だと思います。エ合っていますか？」→A「ええ，答えは 21 です。よくできましたね」の流れ。　・do well「うまくいく」

5　A「何を探しているの？」→B「昨日買った本だよ。机の上に置いたと思うんだけど」→A「あなたの机の上は物であふれているじゃない。アまず机を片付けたらどう？」→B「うん，そうする。でも，そうする前にその本を見つけたいんだ」の流れ。　・look for ～「～を探す」

3 【本文の要約】参照。

問２ (1)「誰かに質問すること」＝イ ask　(2)「受け取ること」＝ウ get

【本文の要約】

服というのは誰にとっても大事なものですが，とりわけ若者にとっては重要です。しかしながら，皆さんはどうして人は服を着るのか，実際に考えたことがありますか？ここに服を着る理由を４つあげます。

１つ目の理由は，私たちの身体を覆うためです。時代や場所が違えば，服に対する考えも異なります。違う国の人に，あなたは(1)イどのくらい(＝how much)自分の身体を覆うべきだと思いますか，という質問をするなら，異なる回答を得ることでしょう。アジアやアフリカでは，女性が自分の顔を覆う地域もあります。長い間，中国の人々は足（くるぶし以下の部分）を(2)エ見せること(＝showing)は（道徳的に）好ましくないと考えていましたし，ヨーロッパの人々は過去には脚（ももからくるぶしまで）のいかなる部分も見せることはありませんでした。

次の理由は，私たちの(3)ア身体(＝bodies)を守るためです。服は私たちを暑さと寒さ，雪と雨から守ってくれます。厚手の服や分厚いブーツは外で働く人をとがった石や危険な動物から守ってくれます。機械を使っている(4)ウ間(＝while)，身を守るために厚い手袋をしたり硬い帽子をかぶったりする人もいます。

服を着る３つ目の理由は，便利だからです。ポケットでものを身に付けて運ぶことができます。何世紀も前，誰もがカバン，あるいは，食物，お金，その他役に立つものを(5)ウ持つ(＝hold)ためのものを持ち歩いていました。今日では，ほとんどの服にポケットがあります。10 以上（のポケットが）付いているスーツもあります。

服を着る最後の，そしておそらく最も重要な理由は虚栄心です。人は（自分を）より良く見せたいものです。他の人と同じように見せたい，けれども他の人(6)イとは違って(＝different from)も見せたいのです。ダークスーツ（色の濃いスーツ）は一見他のスーツと同じに見えます。しかしながら，ダークスーツに合わせるネクタイやシャツで自分の個性を表すことができるのです。

4 1 Are you talking about the girl who is wearing the red jacket?：文意「赤いジャケットを着ている女の子のことを話しているの？」　・関係代名詞 who を使った文。

2 Could you show me how to use this new computer?：文意「この新しいコンピュータの使い方を教えてくれませんか？」　・Could you ～?「～してくれませんか？」　・how to ～「～する方法」

3 He has returned to his country.：文意「彼は自分の国に戻りました」　現在完了〈have/has＋過去分詞〉の“完了”の文。　・return to ～「～に戻る」

4 Yes, they are looking forward to my concert.：文意「はい，彼らは私のコンサートを楽しみにしています」
・look forward to ～「～を楽しみにして待つ」

5 It's easy to write about a book you have already read.：文意「既に読んだ本について書けば簡単だよ」
・it is … to ～「～するのは…だ」

5 【本文の要約】参照。

問１ (1)「ケンが今日，徒歩で登校するのに消費したカロリーと，牛乳（　　）リットルを飲んで得たカロリーは同じである」…第１段落より，ケンは今日，1.5＋0.9＝2.4（km）歩いた。表２より，ウォーキング２kmで 100 kcal消費するから，2.4 kmでは $100\times\frac{2.4}{2}=120$（kcal）。表１より，牛乳 0.2 リットルのエネルギーは 120 kcalに相当する。よって，イ「0.2」が適切。

(2)「メアリーは今日食べたケーキのエネルギーを全て消費するのにジョギングを（　　）分間しなければならない」…表１より，ケーキ１切れのエネルギーは 250 kcal。表２より，ジョギング 20 分間で 100 kcal消費するから，250

kcal消費するには，$20\times\frac{250}{100}=50$（分）のジョギングが必要。よって，エ「50」が適切。

(3) 「今朝，ナンシーが大学に着いた時，彼女の身体には朝食から得たエネルギーがまだ（　　）kcalある」…第5段落より，ナンシーの朝食はパン2枚と牛乳 0.2 リットル。表1より，そのエネルギーは，$\overset{\text{パン1枚}}{100}\times 2+\overset{\text{牛乳}}{120}=320$（kcal）。表2より，自転車4kmで 100 kcal消費するから，大学までの自転車5kmで消費するエネルギーは，$100\times\frac{5}{4}=125$（kcal）。よって，320－125＝195（kcal）だから，ア「195」が適切。

問2　【ジョンによるまとめ】参照。

(1) 表2より，テニス 15 分で 100 kcal消費するから，2時間（120 分）では $100\times\frac{120}{15}=800$（kcal）消費する。

ア×「ケーキ2切れ」＝250×2＝500（kcal）　イ×「ケーキ2切れ＋牛乳 0.2 リットル」＝250×2＋120＝620（kcal）ウ○「ケーキ2切れ＋バターをつけたパン3枚」＝250×2＋100×3＝800（kcal）。これが一致する。

エ×「ケーキ3切れ＋牛乳 0.2 リットル」＝250×3＋120＝870（kcal）

(2) 表2より，20 分のジョギングで 100 kcal消費するから，30 分では $100\times\frac{30}{20}=150$（kcal）消費する。

ア×「ケンが今朝，徒歩で登校するのに消費した」カロリー…問1(1)より，120 kcalだから，不一致。

イ×「メアリーが今朝，自転車で登校するのに消費した」カロリー…自転車4kmで 100 kcal消費するから，メアリーの自転車通学3kmで消費したカロリーは $100\times\frac{3}{4}=75$（kcal）。不一致。

ウ×「ナンシーが今朝，自転車で大学まで行くのに消費した」カロリー…問1(3)より，125 kcalだから，不一致。

エ○「トムが今日，自転車に乗って消費した」カロリー…自転車4kmで 100 kcal消費する。第6段落より，トムが乗った自転車6kmで消費したカロリーは，$100\times\frac{6}{4}=150$（kcal）。これが一致する。

【本文の要約】

ジョンは中学生です。ケンとトムは彼の兄弟です。メアリーとナンシーは彼の姉妹です。ある日，ジョンは食物のカロリーや，ウォーキング，自転車に乗ること，テニスをすること，ジョギングによってどのくらいのカロリーが消費されるのかについて学びました。ジョンはそれぞれの活動に関する情報を集めました。

ケンは小学生です。彼は毎日学校まで歩いて行きます。自宅から学校まで1.5kmです。しかしながら彼は今日，登校前にジムの家を訪れました。昨日，ジムの家にノートを忘れてしまったからです。それで今日，ケンは学校に行くのに900m多く歩きました。

ジョンは学校のテニス部の部員です。彼はテニスをするのが大好きです。今日，彼は30分間ジョギングをした後で2時間テニスをしました。

メアリーは高校生です。彼女はどの日も3kmの自転車通学をしています。彼女は友達とのおしゃべりが大好きです。彼女は今日の放課後に友達のケイトと新しいカフェに行きました。メアリーはケーキを1切れ食べ，ケイトと大好きな歌手のことをおしゃべりしました。

ナンシーの大学は自宅から5kmのところにあり，彼女はいつも自転車でそこに行きます。今朝，彼女は自転車で家を出る前に，バターをつけた薄切りのパン2枚と牛乳0.2リットルを摂りました。

トムは自転車に乗るのが好きです。彼は時々，放課後に約2km自転車に乗ります。でも今日はとても良い天気だったので，合計で6km自転車に乗りました。

【ジョンによるまとめ】

僕は今日テニスを2時間して消費したカロリーと，(1)ウケーキ2切れとバターをつけた薄切りのパン3枚のカロリーが同じであることがわかった。この結果は驚きだった。30分のジョギングで消費するカロリーと(2)エトムが今日自転車に乗って消費したカロリーが同じであることもわかった。

6 【本文の要約】参照。

問1 “meat”は「大豆肉」を表すから，ウが適切。ア「(“meat”は) 20 世紀にアメリカで食べられていた動物の肉」，イ「ヨーロッパで買うことのできない (“meat”は) 魚である」は不適切。

問2 直後の文に続くのはアが適切。イ「多くの種類の動物の肉を売っている会社もある」，ウ「自分の健康に全く注意しない多くの人々がいる」は不適切。

問3 動物の肉を食べる人が増えてきた結果，起きることが予想される問題のウが適切。ア「現在，世界は 10 年前より人口が少ない」，イ「この頃では動物の肉を食べる人はいないという事実がある」は不適切。

問4 直後の like global warming より，イが適切。ア「たいていの動物は温暖な気候を好む」，ウ「私たちは動物のための家をつくらなければならない」は不適切。

問5 肉を食べない人が健康である理由だから，イが適切。ア「たいていの動物は，上手に育てるのに大豆が必要である」，ウ「私たちは動物の肉を食べずに生きることはできない」は不適切。

問6 代名詞はその前にある名詞や文を指すことが多い。ここでは第6段落1行目で述べられている大豆肉を開発している会社を指すから，アが適切。イ「穀物を食べる動物」，ウ「肉食用の動物を育てる農家」は不適切。

問7 ア×「この話を読んでとても驚きました。私は豆腐が大好きで，ほぼ毎日食べています。来年，豆腐が食べられないことを恐れています。私は食べる豆腐をより少なくするつもりです」，イ×「とても興味深い話でした。私は動物が大好きです。だから将来は家庭でたくさんの動物を飼いたいと思います」…本文のテーマは「大豆肉」だから，「豆腐」「動物」主体の意見は不適切。したがって「大豆肉」を取り上げた，ウ○「私は数か月前に大豆肉のハンバーガーを食べました。実際，その味はそれほど悪くなかったです。私は将来，会社がよりおいしい大豆肉を開発することを信じています」が適切。

【本文の要約】

皆さんは今までに「大豆肉」(という言葉) を聞いたことがありますか？それは大豆から作られる肉のことです。その「肉」は，1ウ現在，ヨーロッパやアメリカで人気が高まっていて，日本でも買うことができます。

最近では，様々な理由から，多くの人が大豆肉を食べています。まず，大豆は健康に良いものです。例えば，大豆には多くのタンパク質とビタミンEが含まれています。2ア健康により多くの関心を持つ人もいて，(その結果，) 彼らは身体に良い食物を食べることを求めています。

２つ目は，世界中で動物の肉を食べる人が多くなっています。3ウいつの日か，みんなに行き渡る十分な動物の肉がなくなるかもしれません。将来，動物の肉が食べられなくなることを心配している人もいて，(その結果，) 彼らは大豆肉をより多く，動物の肉をより少なく食べようとしています。

他の理由から動物の肉を食べない人もいます。農家は大豆を育てるのに大量の資源を必要としません。しかしながら食肉用の動物を育てるには大量の穀物と水が必要です。4イこれは他の深刻な問題の危険性を増やすかもしれません。地球温暖化のように。

動物をかわいそうに思うので動物の肉を食べない，というある少数の人々がいます。動物の肉を口にすることは決してありませんが，彼らの健康はたいてい良好です。5イ彼らは食事に細心の注意を払います。例えば，こうした人々はどの日にも多くの種類の食物を食べて十分なたんぱく質を摂ろうとしています。

日本では，こうした事実を理解してよりおいしい大豆肉を作ろうとしている会社もあります。しかしながら，彼らの商品を開発する際に多くの問題が残されています。大豆は植物からできるのですから，6ア彼ら(＝大豆肉を開発している会社)にとって動物の肉のような味がする大豆肉を作るのは容易ではありません。彼らの熱心な研究の結果，毎年そ

の味は良くなっています。

私たち日本人は何世紀にもわたり大豆を使っていて，大豆は「畑の肉」と呼ばれています。私たちはよく豆腐を食べますが，それは大豆から作られ，まさに大豆肉のようです。もしレストランで大豆肉のハンバーガーを見つけたら，1度食べてみてください。そして世界の未来に思いを馳せてくださいね。

理科解答

1 問1．イ　問2．エ　問3．ウ　問4．エ　問5．イ　問6．ウ　問7．イ　問8．ア

2 問1．1．カ　2．イ，オ，キ　3．ア．0　イ．8　ウ．4　問2．エ　問3．塩酸A…ウ　塩酸B…カ

3 問1．ア．1　イ．5　ウ．1　エ．7　オ．3　問2．1．2　2．ア．8　イ．7　ウ．5　3．ア．5　イ．2　4．オ　5．イ

4 問1．1．ア　2．ウ，エ　3．エ　問2．1．Y．エ　Z．イ　2．ウ　問3．1．エ　2．オ

5 問1．ア　問2．ア，ウ，キ　問3．エ　問4．1．ク　2．オ　3．ウ

6 問1．ウ　問2．①○　②×　③×　④×　問3．ア．2　イ．0　問4．ウ　問5．ウ　問6．ウ　問7．ウ　問8．①カ　②オ

理科解説

1 **問1**　Nは力の単位である。電力の単位はWなど，重さの単位はｇなどである。

問2　〔電力(W)＝電圧(V)×電流(A)〕より，電流は$\frac{200}{50}$＝4.0(A)である。また，〔抵抗(Ω)＝$\frac{電圧(V)}{電流(A)}$〕より，抵抗は$\frac{50}{4}$＝12.5(Ω)である。

問3　ア×…ドライアイス〔CO_2〕と水蒸気〔H_2O〕は純物質である。　イ×…水酸化ナトリウム〔NaOH〕は純物質である。　エ×…氷水〔H_2O〕は純物質である。　オ×…酸化銅〔CuO〕は純物質である。

問4　水の電気分解を化学反応式で表すと，〔$2H_2O \rightarrow 2H_2 + O_2$〕となる。

問6　生殖細胞には，減数分裂によって対になっている親の遺伝子が別々に分かれて入る(分離の法則)。有性生殖では，子が両親から遺伝子を1つずつ受け継ぐため，子に親と異なる形質があらわれることがある。

問7　温暖前線通過前は寒気におおわれていて，通過後は暖気におおわれるため，気温は上がる。また，低気圧の中心に向かって反時計回りに吹き込む風によって，温暖前線通過後には南寄りの風になる。

問8　ア×…太陽光のほとんどは空気を通り抜け，地面を温める。温められた地面によって，その上にある空気が温められる。よって，太陽が南中してから少し遅れて地温が最高になり，その後，14時ごろに気温が最高になる。

2 **問1．1**　重曹(炭酸水素ナトリウム)の熱分解を化学反応式で表すと，〔$2NaHCO_3 \rightarrow Na_2CO_3 + CO_2 + H_2O$〕となる。発生した水が加熱部に流れ込むと試験管が割れるおそれがあるので，試験管の口を少し下げて加熱する。

2　二酸化炭素は水に少し溶け，空気より密度が大きいため，下方置換法で集めることもある。また，水に溶ける

と酸性を示すので，ＢＴＢ液は黄色に変化する。なお，ウは水素，エは酸素の性質である。　**3**　重曹0.84ｇが完全に分解されると0.84－0.53＝0.31（ｇ）軽くなるから，0.62ｇ軽くなったときに反応した重曹は$0.84\times\frac{0.62}{0.31}=$ 1.68（ｇ）である。よって，反応していない重曹は2.52－1.68＝0.84（ｇ）である。

問２　重曹とクエン酸による吸熱反応が起こる。

問３　アルカリ性の重曹水と酸性の塩酸を混ぜ合わせると，たがいの性質を打ち消し合う中和が起こる。緑色のＢＴＢ液を加えた重曹水は青色で，溶液の色が（青色のまま）変化しないのは，（塩酸の濃度がうすいため）塩酸がすべて反応し，重曹水が余るときである。このとき，水溶液中に酸性を示す水素イオンは存在しないから，水素イオンの数の変化を表すグラフは②である。これに対し，①のように，水素イオンの数が増えるのは，（塩酸の濃度が濃いため）重曹水がすべて反応し，塩酸が余るときである。

図Ｉ

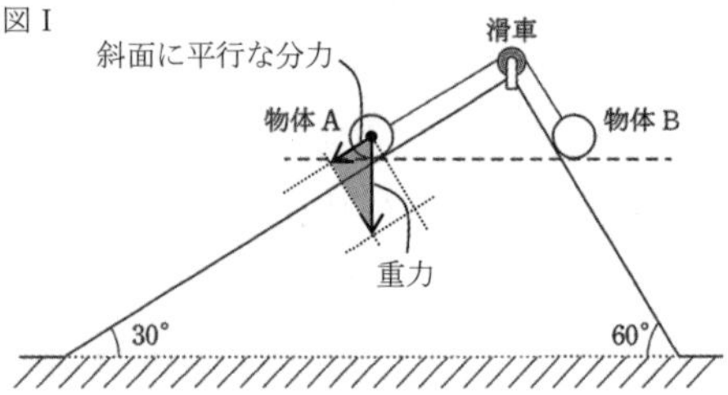

3　**問１**　図Ｉのように，Ａにはたらく重力の斜面に平行な分力を作図する。図Ｉの色のついた三角形は，１つの鋭角が30度の直角三角形だから，重力：斜面に平行な分力＝２：１になる。Ａにはたらく重力は300ｇ→３Ｎだから，斜面に平行な分力はその半分の1.5Ｎである。また，ＡとＢは静止しているから，Ｂにはたらく重力の斜面に平行な分力も1.5Ｎである。Ａのときと同様に考えると，Ｂにはたらく重力：斜面に平行な分力＝２：$\sqrt{3}$になるから，重力は$1.5\times\frac{2}{\sqrt{3}}=\sqrt{3}$→1.73Ｎであり，質量は1.73×100＝173（ｇ）である。

問２．1　斜面に平行な分力の大きさは同じだから，物体の質量が小さいＢの方が，速さの増え方が大きくなる。よって，打点間の距離の増え方が大きい①がＢ，②がＡの記録である。　**2**　１秒間に25回打点する記録タイマーでは，３打点にかかる時間は$\frac{1}{25}\times3=\frac{3}{25}$（秒）である。よって，平均の速さは$(2.1+3.5+4.9)\div\frac{3}{25}=87.5$（cm/ｓ）である。　**3**　打点間の距離は0.8cmずつ大きくなっているから，ＸＹ間は4.4＋0.8＝5.2（cm）である。

4　①（Ｂ）では打点間の距離が1.4cmずつ，②（Ａ）では打点間の距離が0.8cmずつ大きくなっているから，同じ時間すべったとき，Ｂのすべった距離はＡの$\frac{1.4}{0.8}=1.75$（倍）である。　**5**　同じ高さからすべり落ちた物体の水平面での速さは等しい。ただし，Ａの方が質量が大きいため，水平面での運動エネルギーはＡの方が大きい。

4　**問１．1**　花こう岩は，セキエイやチョウセキなどの無色鉱物を多く含む深成岩である。深成岩は，マグマが地下深くでゆっくり冷やされてできるため，等粒状組織になる。　**2**　アとオは古生代，イとカは中生代に栄えた生物である。

問２．1　Ｙは北極の方角だから北であり，Ｚは北を向いたときの左手側だから西である。　**2**　日の出・日の入りの方角は，北半球と南半球で同じである。また，太陽は赤道上では天頂を通るから，リオデジャネイロから見て赤道がある方角，つまり，北の空を通る。よって，東→北→西の順に移動する。

問３⑴　金星（●）は地球より内側を公転している。また，一日の中での見え方は地球の自転によるものだから，エが正答となる。　**⑵**　火星（●）は地球より外側を公転している。また，火星の満ち欠けは，一日の中で起こるものではなく，地球から見たときの太陽と火星の位置関係の変化によって起こるから，オが正答となる。

5　**問１**　イ×…カエルの前あしとハトの翼は相同器官であり，進化の証拠の１つとして考えられている。
ウ，エ×…進化とは，長い時間をかけて遺伝子が変化し，形質が少しずつ変化することで，体のつくりや生活が変化していくことである。

問２　イ×…昆虫類のあしは３対だが，甲殻類やクモ類など，あしが３対でない節足動物は多い。　エ×…軟体動物の特徴である。　オ×…クラゲはその他の無脊椎動物（刺胞動物），ウミウシは軟体動物である。　カ×…タニシ

は軟体動物である。

問３　ア×…コケ植物とシダ植物のどちらにもあてはまる。　イ，ウ×…シダ植物とコケ植物のどちらにもあてはならない。　オ×…コケ植物だけにあてはまる。

問４．１　ペットボトルは肋骨など，ゴム膜は横隔膜，ガラス管は気管(支)を表している。また，ゴム膜を下げることでペットボトル内の気圧がゴム風船内の気圧より低くなるため，ゴム風船がふくらんで空気が流れ込んでくる。これは息を吸うときと同じ現象である。　**２**　酸素を多く含む血液を動脈血という。酸素は肺で血液中に取り込まれるから，肺を通った後のｂ(肺静脈)とｄ(大動脈)に動脈血が流れる。なお，ａ(肺動脈)とｃ(大静脈)には二酸化炭素を多く含む静脈血が流れる。　**３**　組織が活発に活動するほど酸素濃度が低くなる。図３より，酸素濃度が低くなると，酸素と結びついているヘモグロビンの割合が急激に減少することがわかる。

6　**問１**　身体が動くのは，中枢神経からの命令の信号が，運動神経を通して運動器官(筋肉)に伝わるためである。

問２　電解質の(電流が流れる)水溶液が適する。食塩(塩化ナトリウム)は水に溶けるとナトリウムイオンと塩化物イオンに電離する〔$NaCl \rightarrow Na^{+} + Cl^{-}$〕。②③④は，電流が流れない液体として覚えておこう。

問３　図３より，電流は30mA→0.03Ａ，電圧は0.6Ｖだから，抵抗は$\frac{0.6}{0.03}$＝20(Ω)である。

問４　ダニエル電池では，硫酸銅水溶液につけた銅板が＋極，硫酸亜鉛水溶液につけた亜鉛板が－極となる。亜鉛は銅よりもイオンになりやすいため，水溶液中に亜鉛イオンとなって溶け出す〔$Zn \rightarrow Zn^{2+} + 2e^{-}$〕。亜鉛が放出した電子が導線を通って銅板に移動してくると，水溶液中の銅イオンが電子を受け取って銅原子になり〔$Cu^{2+} + 2e^{-} \rightarrow Cu$〕，銅板に付着する。このため，亜鉛板の質量は減少し，銅板の質量は増加する。

問６，７　セロハンの中に入れた物質が，セロハンの穴を通過するかどうかを調べたいので，Ａの水はブドウ糖の有無を調べることができる操作２(ブドウ糖があれば赤褐色の沈殿ができる)を，Ｂの水はでんぷんの有無を調べることができる操作１(でんぷんがあれば青紫色に変化する)を行う。でんぷんはブドウ糖がいくつもつながったものだから，でんぷんの分子＞ブドウ糖の分子である。適切な操作を行うことで，セロハンの穴を含めた３つの大きさの順番がわかったのだから，大きい方のでんぷんの分子はセロハンの穴を通過せず，小さい方のブドウ糖の分子はセロハンの穴を通過したことで，でんぷんの分子＞セロハンの穴＞ブドウ糖の分子という順番がわかったと考えられる。

問８　金属板や水溶液などの物質がもつ化学エネルギーが電気エネルギーに変換されている。

社会解答

1　問1．ウ　問2．エ　問3．ア　問4．ア
2　問1．ウ　問2．ア　問3．エ
3　問1．ウ　問2．イ
4　問1．エ　問2．イ
5　問1．ア　問2．ア　問3．エ
6　問1．ウ　問2．イ　問3．エ　問4．エ
7　問1．イ　問2．カ　問3．ウ　問4．イ
8　問1．エ　問2．エ　問3．ア

社会解説

1　**問1**　ウが正しい。暖流である北大西洋海流と偏西風の影響で，ヨーロッパは高緯度でも比較的温暖な西岸海洋性気候が広がる。一般に，低緯度から高緯度に向けて暖流が，高緯度から低緯度に向けて寒流が流れる。

問2　エの地中海式農業が正しい。アは遊牧，イは混合農業，ウは酪農の説明である。

問3　アが正しい。AのイギリスとBのドイツはゲルマン(語)系，CのフランスとDのイタリアはラテン(語)系である。ゲルマン語系言語は，英語・ドイツ語・オランダ語・デンマーク語・ノルウェー語・スウェーデン語など。

問4　アのイギリスが正しい。国民投票の結果，過半数がＥＵ離脱に賛成し，2020年に正式に離脱した。

2　**問1**　ウが正しい。４道県の中で，工芸作物である茶の生産がさかんな静岡県(は)と判断する。Aは北海道(い)，Bは千葉県(ろ)，Cは福岡県(に)。

問2　アが正しい。千葉県(ろ)で１位のXは，京葉工業地域の主産業である石油・石炭製品，静岡県(は)で１位のYは，東海工業地域の主産業である輸送用機械と判断する。

問3　エが正しい。韓国人の宿泊者数の割合が高いことから，地理的に近い福岡県と判断する。説明文でも，「大陸からの玄関口」と書かれている。Pは千葉県(ろ)，Rは北海道(い)，Sは静岡県(は)。

3　**問1**　ウが正しい。図３のハザードマップは浸水が想定される区域だから，被害が想定される地域は低地や河川の周辺と考えられる。その上で図１・図２を見ると，西側の地域の標高が低く，水田に利用されていることが読み取れ，その地域と図３の浸水が想定される区域が合致するので，図３の下が西，左が北と判断する。

問2　イが正しい。等高線が密になっている部分だけにマークが集中していることから，急傾斜による土砂崩れが想定される区域と判断する。

4　**問1**　エが正しい。史料中の「勘合」から明と判断する。王朝Aは唐，王朝Bは宋，王朝Cは元である。

問2　イが正しい。白河上皇が院政を始めたのは11世紀後半，フビライ＝ハンが元の皇帝となったのは13世紀後半だから，平安時代後期から鎌倉時代中頃までの出来事を選べばよい。アは11世紀前半，イは13世紀前半(1221年)，ウは７世紀後半，エは14世紀後半。

5　**問1**　アが正しい。史料から，貨幣経済がまだ発達していない時代と判断できるので，まとめカードAを選ぶ。

問2　アが正しい。まとめカードCは安土桃山時代だから，南蛮貿易のアと関連する。イは古墳時代，ウは奈良時

代，エは明治時代。

問３　エが正しい。カードは江戸時代だから，安土桃山時代と明治時代の間に入る。

6 **問１**　ウが正しい。沖縄県が設置されたのは 1879 年(琉球処分)だから，1894 年の日清戦争までの国際関係を考える。説明を見ると，伊藤博文が君主権の強い憲法を学びにドイツ(プロイセン)に留学したことから**あ**はドイツである。**い**，**う**，**え**は，日本と修好通商条約(安政の五か国条約)を結んでいたことから，アメリカ・イギリス・オランダ・ロシアのいずれかである。**う**は，1875 年に樺太千島交換条約に調印したロシアである。**え**が日英通商航海条約に調印して領事裁判権を撤廃したイギリスと判断すれば，**い**はフランスである。

問２　イが正しい。ａは江戸時代の 17 世紀後半，ｂは江戸時代末期の 19 世紀後半，ｃは 1901 年，ｄは 1918 年，ｅは 1930 年代，ｇは戦後の 1940 年代後半だから，ｂとｃの間が正しい。

問３　エが正しい。９月１日から 1923 年に発生した関東大震災と判断する。

問４　エが誤り。シベリア出兵を見越した商人による米の買い占めによって，米が不足し米価が高騰したことが，米騒動の原因であった。第一次世界大戦中は，大戦景気によって輸出額が輸入額を上回る大戦景気にわいていた。

7 **問１**　イが正しい。内閣総理大臣は国会が指名するので，国民の直接選挙で決定されないからアは誤り。国会は衆議院と参議院の二院制であり，二院の権限は衆議院が優越しているからウは誤り。予算案と法律案の議決は過半数の多数決で決められるからエは誤り。議決に３分の２以上の賛成を求められるのは，衆議院における法律案の再議決と，両議院における憲法改正の発議である。

問２　カが正しい。平和五原則は，中国の周恩来首相とインドのネルー首相の間で合意した国際関係上，遵守すべき五原則。「領土の保全及び主権の相互不干渉」「相互不侵略」「内政不干渉」「平等互恵」「平和的共存」の５つ。大日本帝国憲法下において，日本の元首は天皇であり，主権は天皇にあった。そのため，「国家の主権は人民にある」という考え方の民主主義(デモクラシー)は国の実情に合わなかったので，吉野作造は「国家の主権者(＝天皇)は民衆の利益や幸福，意向を重んじる」という考え方の民本主義を主張した。

問３　ウが正しい。資料の下線部は知る権利である。知る権利には，公的権力に妨げられることなく情報を自由に受け取ることができる権利と，国や地方公共団体のもつ情報の公開を請求する権利がある。

問４　イが正しい。20 歳代後半から 40 歳代前半までの割合が低く，その割合が平成から令和にかけて少しずつ解消されていることから女性の労働力率と判断する。日本では，結婚・出産・育児を契機として仕事を離れる女性が多かったことから判断する。

8 **問１**　エが正しい。物価が上がり続けることをインフレーション，下がり続けることをデフレーションという。商品の内容が変わらないのに値段が上昇するということは，その商品と交換する通貨の価値が低下したことを意味する。江戸時代などの貨幣改鋳では，質の悪い貨幣を発行したことで，貨幣の価値が下がり物価上昇を引き起こしていた。

問２　エが正しい。日本銀行の金融政策である公開市場操作の内容である。不景気(不況)のときは，市場に流れる資金を増加させ企業の経済活動が活発化するように，国債や手形を市中銀行から買い上げて，市中銀行の資金量を増やす(買いオペレーション)。好景気のときは，市場に流れる資金を減少させ企業の経済活動が抑制されるように，国債や手形を市中銀行に売って市中銀行の資金量を減らす(売りオペレーション)。

問３　アが正しい。F・ローズベルト大統領のニューディール政策では，公共事業を増やすことで，国民の購買力を増強させ，景気回復を目指した。

令和４年度入学者選抜学力検査本試験問

氏名を記入しなさい。

氏名	

受験番号の数字を記入し，受験番号と一致したマーク部分を塗りつぶしなさい。

受験番号							
百万位	十万位	／	万位	千位	百位	十位	一位
		−					

上の受験番号に一致させて下のマーク部分を塗りつぶしなさい。

百万位	十万位		万位	千位	百位	十位	一位
⓪	⓪		⓪	⓪	⓪	⓪	⓪
①	①		①	①	①	①	①
②	②		②	②	②	②	②
③	③		③	③	③	③	③
④	④		④	④	④	④	④
⑤	⑤		⑤	⑤	⑤	⑤	⑤
⑥	⑥		⑥	⑥	⑥	⑥	⑥
⑦	⑦		⑦	⑦	⑦	⑦	⑦
⑧	⑧		⑧	⑧	⑧	⑧	⑧
⑨	⑨		⑨	⑨	⑨	⑨	⑨

注意事項

1　解答には，必ず**HBの黒鉛筆**を使用し，「マーク部分塗りつぶしの見本」のとおりに◯を塗りつぶすこと。

2　解答を訂正するときは，きれいに消して，消しくずを残さないこと。

3　指定された欄以外を塗りつぶしたり，文字を記入したりしないこと。

4　汚したり，折り曲げたりしないこと。

マーク部分塗りつぶしの見本					
良い例	悪い例				
●	レ点	棒	薄い	はみ出し	丸囲み

解　答　欄

1	問1
	問2
	問3
	問4
2	問1
	問2
	問3
3	問1
	問2
4	問1
	問2
5	問1
	問2
	問3
6	問1
	問2
	問3
	問4

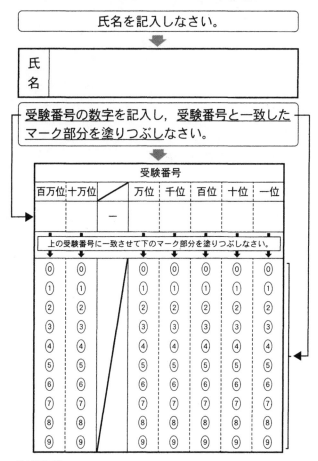

5	問1		㋐	㋑	㋒	㋓				
	問2		㋐	㋑	㋒	㋓	㋔	㋕	㋖	
			㋐	㋑	㋒	㋓	㋔	㋕	㋖	
			㋐	㋑	㋒	㋓	㋔	㋕	㋖	
	問3		㋐	㋑	㋒	㋓	㋔			
	問4	1	㋐	㋑	㋒	㋓	㋔	㋕	㋖	㋗
		2	㋐	㋑	㋒	㋓	㋔	㋕		
		3	㋐	㋑	㋒	㋓	㋔	㋕	㋖	㋗

6	問1		㋐	㋑	㋒	㋓						
	問2	①	○	⊗								
		②	○	⊗								
		③	○	⊗								
		④	○	⊗								
	問3	ア	⓪	①	②	③	④	⑤	⑥	⑦	⑧	⑨
		イ	⓪	①	②	③	④	⑤	⑥	⑦	⑧	⑨
	問4		㋐	㋑	㋒	㋓						
	問5		㋐	㋑	㋒	㋓	㋔	㋕				
	問6		㋐	㋑	㋒	㋓						
	問7		㋐	㋑	㋒	㋓	㋔	㋕				
	問8	①	㋐	㋑	㋒	㋓	㋔	㋕	㋖			
		②	㋐	㋑	㋒	㋓	㋔	㋕	㋖			

問１・問２．４…３点×３　問２．１～３・問２．５…２点×４

問１．１・問１．３・問２．１…２点×３　問１．２…１点×２　問２．２・問３…３点×３

問１・問３…２点×２　問２…１点×３　問４…３点×３

問１・問５・問７・問８…２点×４　問２・問３・問４・問６…３点×４

令和4年度入学者選抜学力検査本試験

氏名を記入しなさい。

氏名	

受験番号の数字を記入し，受験番号と一致したマーク部分を塗りつぶしなさい。

受験番号							
百万位	十万位		万位	千位	百位	十位	一位
		—					

上の受験番号に一致させて下のマーク部分を塗りつぶしなさい。

百万位	十万位		万位	千位	百位	十位	一位
⓪	⓪		⓪	⓪	⓪	⓪	⓪
①	①		①	①	①	①	①
②	②		②	②	②	②	②
③	③		③	③	③	③	③
④	④		④	④	④	④	④
⑤	⑤		⑤	⑤	⑤	⑤	⑤
⑥	⑥		⑥	⑥	⑥	⑥	⑥
⑦	⑦		⑦	⑦	⑦	⑦	⑦
⑧	⑧		⑧	⑧	⑧	⑧	⑧
⑨	⑨		⑨	⑨	⑨	⑨	⑨

注意事項

1　解答には，必ず**ＨＢの黒鉛筆**を使用し，「マーク部分塗りつぶしの見本」を参考に◯を塗りつぶすこと。

2　解答を訂正するときは，きれいに消して，消しくずを残さないこと。

3　数値を解答する場合の解答方法は，問題用紙の注意事項を確認すること。

4　指定された欄以外を塗りつぶしたり，文字を記入したりしないこと。

5　汚したり，折り曲げたりしないこと。

マーク部分塗りつぶしの見本					
良い例	悪い例				
●	レ点	棒	薄い	はみ出し	丸囲み

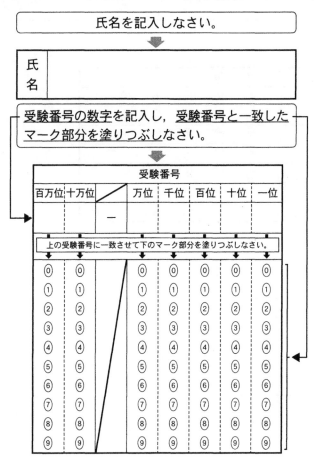

令和4年度入学者選抜学力検査本試験問

氏名を記入しなさい。

氏名	

受験番号の数字を記入し，受験番号と一致したマーク部分を塗りつぶしなさい。

受験番号							
百万位	十万位		万位	千位	百位	十位	一位
		−					

上の受験番号に一致させて下のマーク部分を塗りつぶしなさい。

百万位	十万位		万位	千位	百位	十位	一位
⓪	⓪		⓪	⓪	⓪	⓪	⓪
①	①		①	①	①	①	①
②	②		②	②	②	②	②
③	③		③	③	③	③	③
④	④		④	④	④	④	④
⑤	⑤		⑤	⑤	⑤	⑤	⑤
⑥	⑥		⑥	⑥	⑥	⑥	⑥
⑦	⑦		⑦	⑦	⑦	⑦	⑦
⑧	⑧		⑧	⑧	⑧	⑧	⑧
⑨	⑨		⑨	⑨	⑨	⑨	⑨

注意事項

1　解答には，必ず**HBの黒鉛筆**を使用し，「マーク部分塗りつぶしの見本」を参考に◯を塗りつぶすこと。

2　解答を訂正するときは，きれいに消して，消しくずを残さないこと。

3　指定された欄以外を塗りつぶしたり，文字を記入したりしないこと。

4　汚したり，折り曲げたりしないこと。

マーク部分塗りつぶしの見本					
良い例	悪い例				
●	レ点	棒	薄い	はみ出し	丸囲み

解　答　欄

1	1	
	2	
	3	
	4	
	5	
2	1	
	2	
	3	
	4	
	5	
3	問1	(1)
		(2)
		(3)
		(4)
		(5)
		(6)
	問2	(1)
		(2)

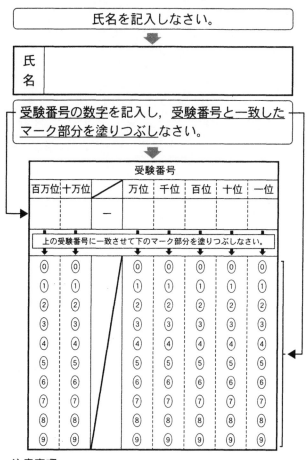

3	(1)	ア	⊖	⓪	①	②	③	④	⑤	⑥	⑦	⑧	⑨
		イ	⊖	⓪	①	②	③	④	⑤	⑥	⑦	⑧	⑨
	(2)	ウ	⊖	⓪	①	②	③	④	⑤	⑥	⑦	⑧	⑨
		エ	⊖	⓪	①	②	③	④	⑤	⑥	⑦	⑧	⑨
		オ	⊖	⓪	①	②	③	④	⑤	⑥	⑦	⑧	⑨
	(3)	カ	⊖	⓪	①	②	③	④	⑤	⑥	⑦	⑧	⑨
		キ	⊖	⓪	①	②	③	④	⑤	⑥	⑦	⑧	⑨
		ク	⊖	⓪	①	②	③	④	⑤	⑥	⑦	⑧	⑨
		ケ	⊖	⓪	①	②	③	④	⑤	⑥	⑦	⑧	⑨
		コ	⊖	⓪	①	②	③	④	⑤	⑥	⑦	⑧	⑨
		サ	⊖	⓪	①	②	③	④	⑤	⑥	⑦	⑧	⑨

4	(1)	ア	⊖	⓪	①	②	③	④	⑤	⑥	⑦	⑧	⑨
		イ	⊖	⓪	①	②	③	④	⑤	⑥	⑦	⑧	⑨
		ウ	⊖	⓪	①	②	③	④	⑤	⑥	⑦	⑧	⑨
		エ	⊖	⓪	①	②	③	④	⑤	⑥	⑦	⑧	⑨
	(2)	オ	⊖	⓪	①	②	③	④	⑤	⑥	⑦	⑧	⑨
		カ	⊖	⓪	①	②	③	④	⑤	⑥	⑦	⑧	⑨
		キ	⊖	⓪	①	②	③	④	⑤	⑥	⑦	⑧	⑨
	(3)	ク	⊖	⓪	①	②	③	④	⑤	⑥	⑦	⑧	⑨
		ケ	⊖	⓪	①	②	③	④	⑤	⑥	⑦	⑧	⑨
		コ	⊖	⓪	①	②	③	④	⑤	⑥	⑦	⑧	⑨
	(4)	サ	⊖	⓪	①	②	③	④	⑤	⑥	⑦	⑧	⑨
		シ	⊖	⓪	①	②	③	④	⑤	⑥	⑦	⑧	⑨

2 4点×5

3 5点×4

4 (1)(3)…3点×4　(2)(4)…4点×2

令和4年度入学者選抜学力検査本試験問

氏名を記入しなさい。

氏名	

受験番号の数字を記入し，受験番号と一致したマーク部分を塗りつぶしなさい。

受験番号							
百万位	十万位		万位	千位	百位	十位	一位
		—					
上の受験番号に一致させて下のマーク部分を塗りつぶしなさい。							
⓪	⓪		⓪	⓪	⓪	⓪	⓪
①	①		①	①	①	①	①
②	②		②	②	②	②	②
③	③		③	③	③	③	③
④	④		④	④	④	④	④
⑤	⑤		⑤	⑤	⑤	⑤	⑤
⑥	⑥		⑥	⑥	⑥	⑥	⑥
⑦	⑦		⑦	⑦	⑦	⑦	⑦
⑧	⑧		⑧	⑧	⑧	⑧	⑧
⑨	⑨		⑨	⑨	⑨	⑨	⑨

注意事項

1　解答には，必ず**ＨＢの黒鉛筆**を使用し，「マーク部分塗りつぶしの見本」を参考に⬯を塗りつぶすこと。

2　解答を訂正するときは，きれいに消して，消しくずを残さないこと。

3　求めた値に該当する符号や数値の箇所のマーク部分を塗りつぶすこと。具体的な解答方法は，問題用紙の注意事項を確認すること。

4　指定された欄以外を塗りつぶしたり，文字を記入したりしないこと。

5　汚したり，折り曲げたりしないこと。

マーク部分塗りつぶしの見本					
良い例	悪い例				
●	レ点	棒	薄い	はみ出し	丸囲み

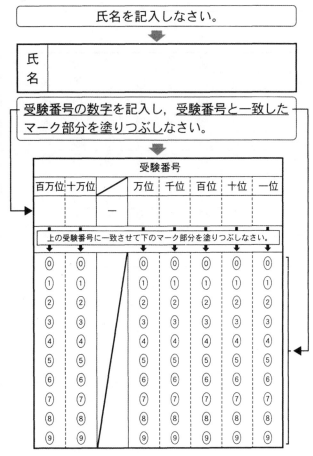

令和４年度入学者選抜学力検査本試験

氏名を記入しなさい。

氏名	

受験番号の数字を記入し，受験番号と一致したマーク部分を塗りつぶしなさい。

受験番号							
百万位	十万位		万位	千位	百位	十位	一位
		－					

上の受験番号に一致させて下のマーク部分を塗りつぶしなさい。

百万位	十万位		万位	千位	百位	十位	一位
⓪	⓪		⓪	⓪	⓪	⓪	⓪
①	①		①	①	①	①	①
②	②		②	②	②	②	②
③	③		③	③	③	③	③
④	④		④	④	④	④	④
⑤	⑤		⑤	⑤	⑤	⑤	⑤
⑥	⑥		⑥	⑥	⑥	⑥	⑥
⑦	⑦		⑦	⑦	⑦	⑦	⑦
⑧	⑧		⑧	⑧	⑧	⑧	⑧
⑨	⑨		⑨	⑨	⑨	⑨	⑨

注意事項

1　解答には，必ず**HBの黒鉛筆**を使用し，「マーク部分塗りつぶしの見本」のとおりに◯を塗りつぶすこと。

2　解答を訂正するときは，きれいに消して，消しくずを残さないこと。

3　指定された欄以外を塗りつぶしたり，文字を記入したりしないこと。

4　汚したり，折り曲げたりしないこと。

マーク部分塗りつぶしの見本					
良い例	悪い例				
●	レ点	棒	薄い	はみ出し	丸囲み

解　答　欄

1	問1	①	
		②	
		③	
		④	
	問2		
	問3		
	問4		
	問5		
	問6		
	問7		

2	問1	①	
		②	
		③	
	問2	(a)	
		(b)	
	問3		
	問4		
	問5		
	問6	A	
		B	
		C	
	問7		
	問8		

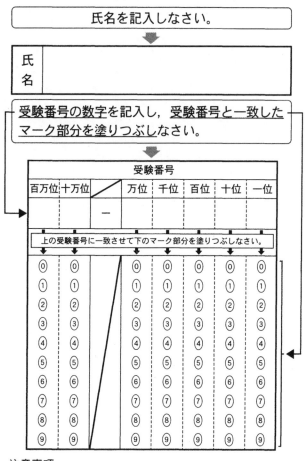

問１　生徒が博物館で書き写した次の**史料**と関連している**まとめカード**として最も適当なものを，下のアからエのうちから一つ選べ。なお，**史料**は現代語に訳し，わかりやすくするために一部を補足したり省略したりしてある。

> **史料**
> およそ銭というものは，売買を行うのに有益なものである。ところが，いまでも人々は古い習慣に従って，いまだにその道理を理解していない。わずかに銭を用いて売買するといっても，蓄える者はほとんどいない。そこで，銭を蓄えた額の多少に応じて，等級・段階を設けて位を授けることにした。従六位《じゅろくい》以下で，10 貫以上の銭を蓄えた者には，位を一階昇進させる。20 貫以上の銭を蓄えた者には，位を二階昇進させる。

ア　A　　イ　B　　ウ　C　　エ　D

問２　前ページの**まとめカード**Cの内容と関連する説明として正しいものを，次のアからエのうちから一つ選べ。

ア　南蛮貿易によって，ヨーロッパの天文学や医術などがもたらされた。
イ　渡来人によって，須恵器《すえき》をつくる技術や漢字を書く文化がもたらされた。
ウ　アラビア半島でイスラム教が成立し，イスラム商人は東アジアにも進出した。
エ　イギリスで大量生産された綿織物が，アジアに安い価格で輸出された。

問３　左下のカードは生徒が作成したもう一枚の**まとめカード**である。前ページのAからDの**まとめカード**と合わせて年代の古い順に並べたとき，左下のカードが入る時期として最も適当なものを，右下のアからオのうちから一つ選べ。

●銅製で全国各地に流通した。
●この銅銭のほか，小判などの金貨や丁銀《ちょうぎん》などの銀貨がつくられた。
●銅銭は全国に普及したが，東日本では金貨，西日本では銀貨が流通した。

ア　Aの前
イ　AとBの間
ウ　BとCの間
エ　CとDの間
オ　Dの後

6 問1から問4までの各問いに答えよ。

問1　次の図は，沖縄県が設置されてからの15年間の国際関係の一部を模式的に表したものである。下の**説明**を参考にして，図中の**あ**から**え**に入る国名の組み合わせとして正しいものを，後の**ア**から**エ**のうちから一つ選べ。

図

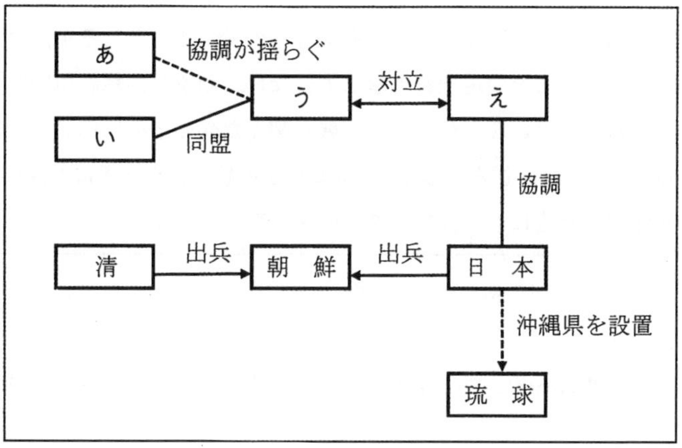

説明　・**あ**の国の憲法は，図の時期に日本で発布された憲法の参考の一つになった。

・**い**，**う**，**え**の国は，それぞれ江戸時代から日本と修好通商条約を結んでいた。

・**う**の国は，沖縄県設置の4年前に日本と領土の取り決めに関する条約を結んだ。

・**え**の国は，図の時期に日本との条約を修正し，領事裁判権（治外法権）を撤廃《てっぱい》した。

ア　**あ**－フランス　**い**－アメリカ　**う**－イギリス　**え**－ドイツ

イ　**あ**－フランス　**い**－ドイツ　**う**－アメリカ　**え**－イギリス

ウ　**あ**－ドイツ　**い**－フランス　**う**－ロシア　**え**－イギリス

エ　**あ**－ドイツ　**い**－イギリス　**う**－ロシア　**え**－アメリカ

問2　次のaからfの**出来事**は年代の古い順に並んでいる。図の時期をこれらの**出来事**の間に当てはめた場合に正しいものを，下の**ア**から**カ**のうちから一つ選べ。

出来事

a　三井《みつい》家が江戸で開いた越後《えちご》屋が「現金かけねなし」を方針として繁盛《はんじょう》した。

b　横浜の港で外国との貿易がはじまった。

c　八幡製鉄所が操業を開始した。

d　米の安売りを求める騒動が富山県から全国に広がった。

e　世界恐慌の影響が日本にもおよび，まゆや生糸の価格が暴落した。

f　財閥が解体され，独占禁止法が制定された。

ア　aとbの間　**イ**　bとcの間　**ウ**　cとdの間

エ　dとeの間　**オ**　eとfの間　**カ**　fの後

問3　次の**史料**はある人物の日記である。この**史料**が示す事柄がおきた時期を前ページの**出来事**の間に当てはめた場合に正しいものを，下の**ア**から**カ**のうちから一つ選べ。なお，**史料**は現代語に訳し，一部を変えたり省略したりしてある。

史料

九月一日土曜　晴

……十一時五十八分ごろ，大地が大きく揺れた。私たちはなお話を続けていた。地震はますます激しくなり，壁土が落ちてきた。私と同僚は思わず走り出て，非常口を出て渡り廊下を過ぎた。歩けないほどだった。無理に走って屋外に出た。十分ほどの間，地震が続いた。私は審査局にたどり着き，書類や帽子を取ってこようと思って渡り廊下のあたりに行った。また揺れが来た。それでまた走り出た。……馬車か自動車に乗りたいと思って……問い合わせをさせたが，混み合っていてかなわなかったので，歩いて帰った。……参謀《さんぼう》本部前を過ぎ，ドイツ大使館の前から赤坂《あかさか》見附《みつけ》を通って家に帰った。皇居の前の広場に出たとき，警視庁付近と日比谷《ひびや》公園の中で火が出ているのを見た。参謀本部前を過ぎるときには赤坂で出火しているのを見た。道沿いにところどころ家屋が倒壊しているところがあった。避難する人々は皆屋外に出ていた。家にたどり着くと，門の横から家の周りを囲むレンガ塀は全部倒壊し，屋内の家具やものは散乱していて，人影も見えなかった。……

（枢密顧問官兼帝室会計審査局長官であった倉富勇三郎の日記）

※　「……」は省略した箇所を示す。

ア　aとbの間　　**イ**　bとcの間　　**ウ**　cとdの間

エ　dとeの間　　**オ**　eとfの間　　**カ**　fの後

問4　前ページの**出来事**aからdの説明として誤っているものを，次の**ア**から**エ**のうちから一つ選べ。

ア　aの三井《みつい》家は豪商として富を蓄え，のちに様々な事業を多角的に経営する財閥に成長した。

イ　bの横浜と新橋とを結んだ路線が，日本で最初に開通した鉄道路線であった。

ウ　cの八幡製鉄所は，需要が高まっていた鉄鋼の国産化を目指して，福岡県に建設された。

エ　dの騒動は，第一次世界大戦中の不況と食料不足による米価格の高騰《こうとう》が原因であった。

7 次の生徒による発表文を読み，問１から問４までの各問いに答えよ。

> 私たちは，日本の憲法に基づいた政治制度の歴史と現在の形，その課題について調べて考察しました。現在では日本国憲法に基づいて(1)国会と内閣，裁判所による三権分立に基づいて民主的な政治制度が整っていますが，(2)戦前でもその仕組みと考え方を追求した時期がありました。戦後になると政治制度は整いましたが，社会が発展するにしたがって日本国憲法には記載されていない権利があるという考え方も広がり，それらは(3)新しい人権として裁判などで主張されるようになりました。一方，(4)日本国憲法で保障されている基本的人権についても十分とは言えないこともあり，「基本的人権の尊重」を達成するための政治制度や社会のあり方が求められています。

問１　下線部(1)に関連して，現在の日本の国会と内閣についての記述として正しいものを，次のアからエのうちから一つ選べ。

ア　内閣を構成するその他の大臣は国会議員でなくとも選ばれることがあるが，内閣総理大臣は国民の直接選挙によって最終的に決定される。

イ　内閣は国会に対して連帯して責任を負うという議院内閣制をとっており，内閣総理大臣は国会議員の中から選ばれる。

ウ　国会は衆議院，参議院の二院制をとっており，アメリカ連邦議会と同様に二院の権限は憲法で優劣がないように定められている。

エ　国会における議決は過半数の多数決であるが，安全保障に関する予算案や法律案の議決については両院とも３分の２以上の賛成が必要である。

問２　下線部(2)に関連して，1910年代に民主的な政治の仕組みを追求した運動と，そのころに活躍した人物，その人物が主張した考え方の組み合わせとして正しいものを，次のアからカのうちから一つ選べ。

	1910年代の運動	人物	その人物が主張した考え方
ア	自由民権運動	福沢諭吉	平和五原則
イ	自由民権運動	犬養毅	民本主義
ウ	自由民権運動	吉野作造	平和五原則
エ	大正デモクラシー	福沢諭吉	民本主義
オ	大正デモクラシー	犬養毅	平和五原則
カ	大正デモクラシー	吉野作造	民本主義

2022(R4) 国立高専
K 教英出版

問3　下線部(3)に関連して，次の**資料**は，弁護士の団体が新しい人権の保障について発したものである。**資料**中の下線部に着目して，この内容を反映している具体例として最も適当なものを，下のアからエのうちから一つ選べ。

資料

個人が尊重される民主主義社会の実現のためには，その手段である民主制の過程が健全に機能しなければならない。代表民主制下において国民が自律的に代表者を選任し政策形成に参加するためには，<u>公的情報が国民に対して十分に公開されていることが不可欠である</u>。そのためには，知る権利の保障の充実と，情報公開を促進する制度の整備が必要である。

（日本弁護士連合会の資料より作成）

ア　ある民間企業が，一人ひとりの個人の行動範囲や人が集まりやすい場所や時間などについての膨大《ぼうだい》な量の情報を収集し，それに基づいて商品を売る量や経営に力を入れる店舗を決めたり，消費者の隠れた好みなどを探り当てたりすること。

イ　日本の政府が，すべての国民に個人の番号を割り振り，選挙権の行使や納税の状況などの情報を一元的に管理し，その情報を犯罪防止のために警察に常時伝えるとともに，個人の支持政党を知りたい他の個人に選挙権の行使の状況を公開すること。

ウ　日本の地方公共団体が，予算の執行や事業の進捗《しんちょく》の状況を，住民の求めに応じて適正な手続きに則《のっと》って公開できるようにし，不正や汚職などがおこなわれていないかどうかを住民自身が確認するのに役立てられるようにすること。

エ　ある国際機関が，国際経済の成長に関する目標を定め，それぞれの加盟国が目標を達成するために取り組むことを義務化し，目標達成についての情報を国際機関のみが持った上で加盟国を集めて会議を開き，加盟国の協調をはかろうとすること。

問4　下線部(4)に関連して，この発表をした生徒は基本的人権の尊重についての課題を後日調べたところ，左下のような**グラフ**を見つけた。これは平成21年と令和元年の，5歳ごとの年齢階級における日本での何らかの割合を示しており，折れ線グラフが描く形が特徴的であるという。この**グラフ**が示している事柄として正しいものを，右下のアからエのうちから一つ選べ。

グラフ

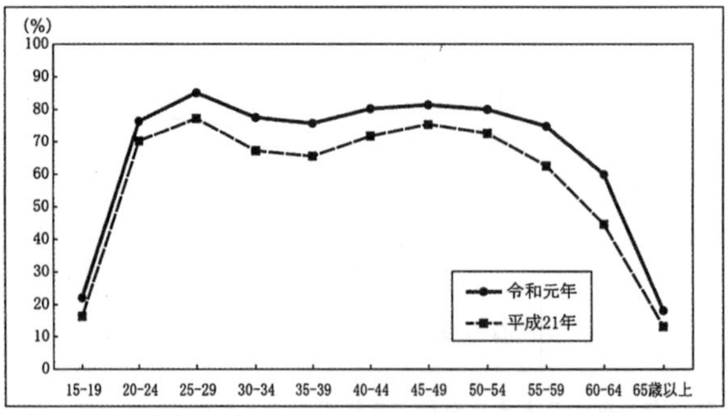

ア　女性の大学進学率

イ　女性の労働力率

ウ　男性の大学進学率

エ　男性の労働力率

8 次の生徒と先生の会話文を読み，問１から問３までの各問いに答えよ。

生徒：お札のデザインが新しくなると聞きました。新しい一万円札の肖像は渋沢栄一《しぶさわえいいち》だそうです。でも紙のお金が，印刷されている金額で取引に使われるのは不思議に思えます。

先生：お金の価値は，中央銀行である日本銀行が現金や預金などの通貨量を調整することで，その価値を安定させているのです。だから，お金の価値は印刷されただけでは，必ずしも安定的ではありません。(1)社会全体で取引される商品総額や企業などが借りたいと思うお金の量などに対して，お金が不足したり逆に余ったりすることで，お金の価値は変化することがあるのです。中央銀行は，市場に出回るお金の量が少なすぎたり，多すぎたりしないようにすることで，お金の価値を安定させて，その信用がある程度保たれるようにしているのです。

生徒：日本銀行の役割は，お金の価値を安定させることなのですね。

先生：それだけではありません。(2)景気が良くなったり悪くなったりしたときに，お金の流通量を意図的に増やしたり減らしたりして，景気を操作しようとすることもしています。

生徒：そういえば，景気を回復させる方法として，世界恐慌が発生したことから，アメリカでは(3)ニューディール政策を実施したと，授業で教わりました。

先生：そうですね。中央銀行だけでなく，政府が直接景気回復のためにそのような積極的な経済政策をおこなう場合もあります。

図　日本銀行がおこなう公開市場操作の仕組み

通貨流通量を増やす場合

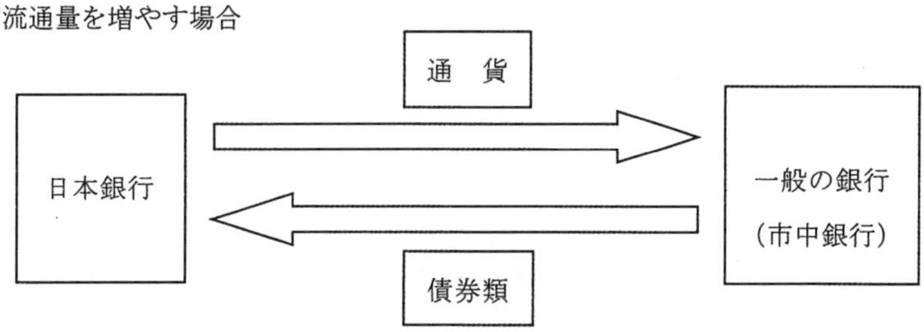

通貨流通量を減らす場合

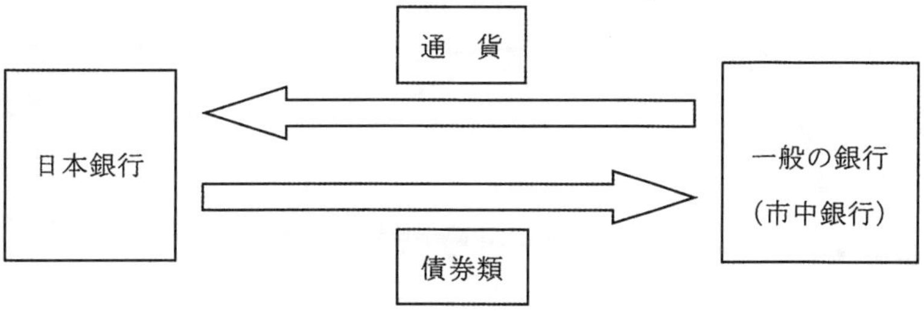

※「債券類」とは，国や企業が借金をするときに発行する証書のことを指す。

問１　下線部(1)に関連して，インフレーションと通貨価値の関係についての説明として正しいものを，次のアからエのうちから一つ選べ。

ア　インフレーションは，物価が下がり続けることで，そのため通貨価値も実質的に下がる。
イ　インフレーションは，物価が下がり続けることで，そのため通貨価値は実質的に上がる。
ウ　インフレーションは，物価が上がり続けることで，そのため通貨価値も実質的に上がる。
エ　インフレーションは，物価が上がり続けることで，そのため通貨価値は実質的に下がる。

問２　下線部(2)に関連して，日本銀行はおもに前ページの図のような操作をおこない，通貨量を増減させている。この仕組みについての説明およびその効果についての説明として正しいものを，次のアからエのうちから一つ選べ。

ア　日本銀行が，市中銀行へ国債や手形を売ると，市場に流れる資金量が増加して，企業などの経済活動が停滞する。
イ　日本銀行が，市中銀行へ国債や手形を売ると，市場に流れる資金量が増加して，企業などの経済活動が活発化する。
ウ　日本銀行が，市中銀行から国債や手形を買うと，市場に流れる資金量が増加して，企業などの経済活動が停滞する。
エ　日本銀行が，市中銀行から国債や手形を買うと，市場に流れる資金量が増加して，企業などの経済活動が活発化する。

問３　下線部(3)に関連して，ニューディール政策の説明として正しいものを，次のアからエのうちから一つ選べ。

ア　政府が，ダム建設などの公共投資をおこなって，失業者に仕事を与えられるようにして，社会全体での所得を増やして，景気を回復することをめざした。
イ　政府が，工場や農地などを国有化し，計画経済をおこなって，失業者を国が雇用することで，景気を回復することをめざした。
ウ　政府が，議会制民主主義を否定し独裁政権を作り，外国資本の導入により開発をおこない，景気を回復することをめざした。
エ　政府が，大企業や高額所得者に対して減税をして，投資をおこないやすいように規制緩和を実施し，景気を回復することをめざした。

問２　マナブさんとリカさんは，図を用いてリオデジャネイロ（南緯22°）における春分の日（３月下旬）の太陽の動きについて考えた。

次の１と２に答えよ。

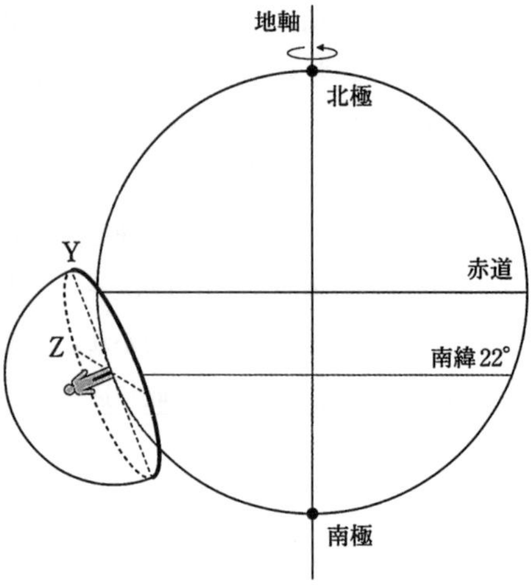

図

１　図中のＹとＺに入る方角は何か。次のアからエの中からそれぞれ選べ。

ア　東　　イ　西　　ウ　南　　エ　北

２　春分の日において，赤道上の観測点では天頂（観測者の頭の真上）を通るように太陽は移動する。リオデジャネイロにいる観測者から見て，太陽はどの方角を移動するか。次のアからエの中から選べ。

ア　東→南→西　　　イ　西→南→東

ウ　東→北→西　　　エ　西→北→東

問３　マナブさんとリカさんは，地球から身の回りの天体がどのように見えるかを再現するためのモデルについて考えた。次の（１），（２）を明らかにするためのモデルとして最も適当なものを，下のアからカの中からそれぞれ選べ。なお，アからカの図において，人は観察者（鼻は視線方向を示す），黒丸は観察対象となる天体，白丸は光源となる太陽，点線は天体の公転軌道，矢印は観察者や天体の動きを表すものとする。

（１）明けの明星（金星）が一日の中でどちらの方角を移動して見えるかを明らかにする。

（２）火星が欠けて見えるかどうかを明らかにする。

ア

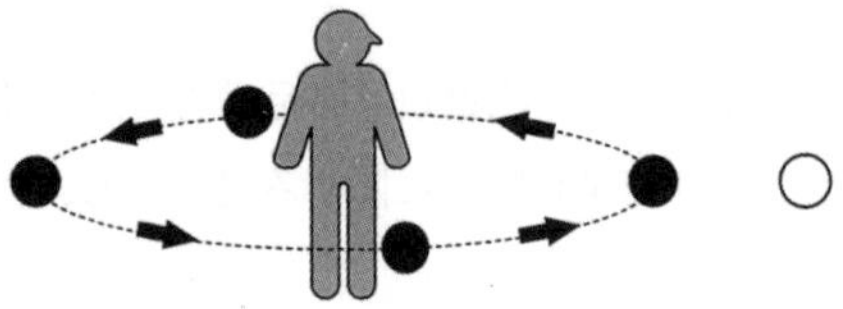

イ

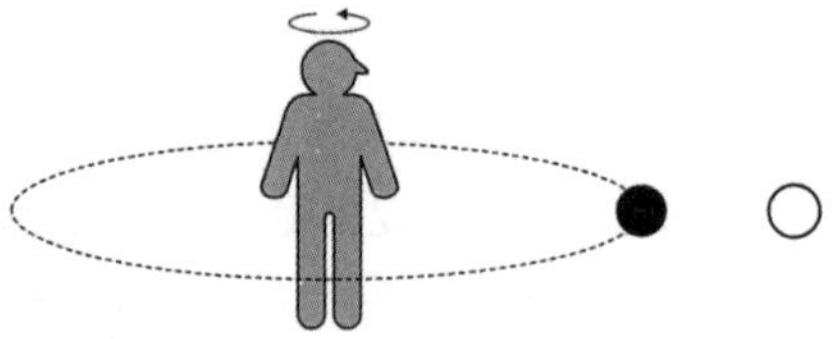

ウ

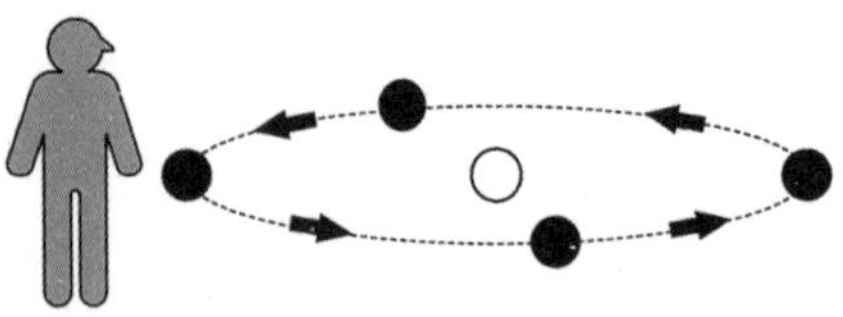

エ

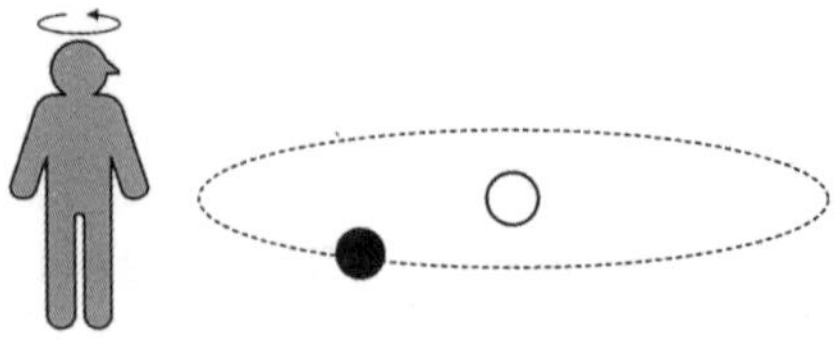

オ

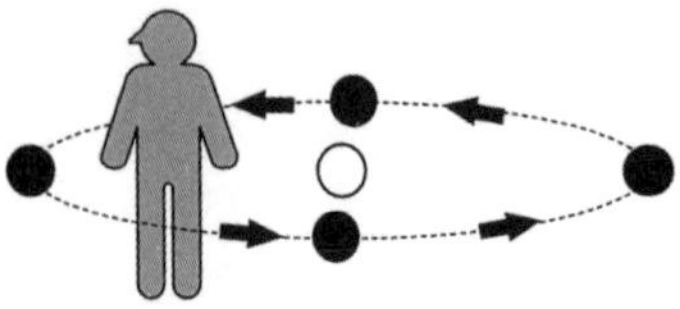

カ

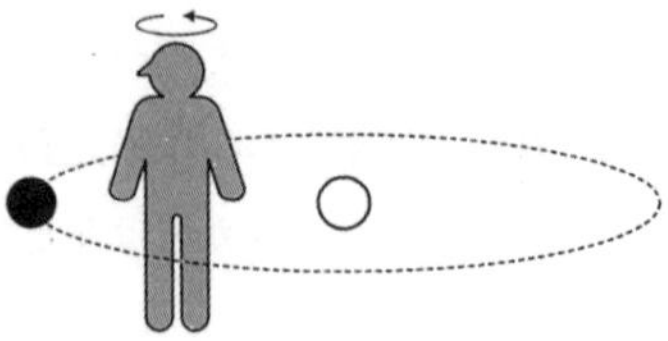

5　生物に関する次の文章を読み，下の問１から問４に答えよ。

現在の地球には，私たちヒトを含めて多様な生物が住んでいる。最初の生物は約38億年前に誕生したと考えられている。その後長い年月をかけて$_{A}$進化がおこり，多様な生物が現れ，その時代の環境に合う体のつくりを持つ生物が繁栄してきた。

現在，最も種類が多い生物は$_{B}$昆虫類であるといわれている。昆虫類は約４億年前の$_{C}$古生代に現れ，中にはほとんど形態を変えずに現在も生息するものもいる。

昆虫類の体のつくりは私たちヒトとは大きく異なる。例えば，昆虫は体側面にある穴（気門）から空気を取り込み，枝分かれした管（気管）を通して直接空気が各細胞に送られる。一方ヒトは$_{D}$肺で効率的に酸素を取り込み，血管を通して各細胞に送っている。

問１　下線部Aに関する説明として，最も適当なものを次のアからエの中から選べ。

ア　シソチョウのような中間的な生物の化石が見つかっていることなどから，鳥類はは虫類のなかまから進化したと考えられている。

イ　両生類のカエルの前あしと鳥類のハトの翼とでは，骨格の基本的なつくりはよく似ているが，外形やはたらきが異なるので，進化の起源は異なる。

ウ　人工的にDNAを変化させる技術によって特定の形質を変化させ，自然界にはない青色のバラができたことは進化と言える。

エ　クジラには，祖先が陸上生活をしていたときの後ろあしの痕跡がある。このように，長い年月の間に器官が失われていくような変化は進化とは言わない。

問２　下線部Bに関連して，節足動物の特徴について考える。昆虫類は節足動物のなかまである。また，節足動物は無脊椎《せきつい》動物のなかまである。「節足動物」に関する説明として当てはまるものを次のアからキの中から三つ選べ。

ア　背骨を持たない

イ　あしは３対である

ウ　からだは外骨格でおおわれている

エ　内臓は外とう膜でおおわれている

オ　クラゲやウミウシは節足動物である

カ　エビやタニシは節足動物である

キ　チョウやムカデは節足動物である

問3　下線部Cの時代には，陸上に進出した植物のうち，シダ植物の中で樹木のように大型化するものが現れた。これは，シダ植物がこの時代以前に陸上に進出したコケ植物とは異なる特徴を持ったためと考えられている。それはどのような特徴か。最も適当なものを次のアからオの中から選べ。

ア　胞子でふえる
イ　種子でふえる
ウ　子房がある
エ　維管束がある（根，茎，葉の区別がある）
オ　雌株，雄株に分かれている

問4　下線部Dに関連して，ヒトの肺や血管について考える。次の1から3に答えよ。

1　ヒトの肺は，肋骨《ろっこつ》についた筋肉や横隔膜を動かすことによって空気を出し入れしている。呼吸のしくみを図1のようにペットボトル容器を用いた模型で表した。次の文の空欄①，②に当てはまる語句の組み合わせとして，最も適当なものを次のアからクの中から選べ。

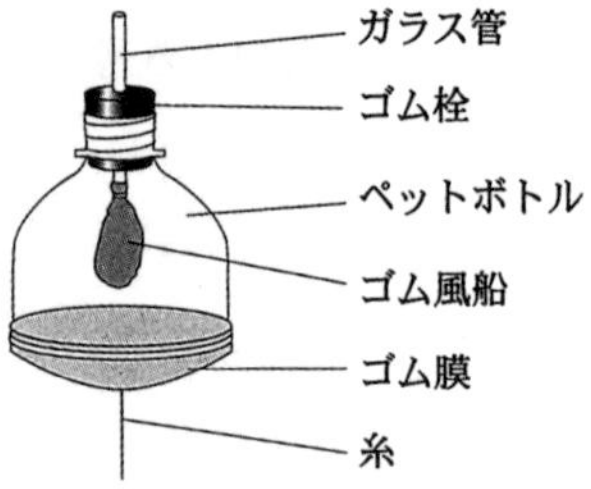

図1

図1の模型で肺を表しているのは（　①　）で，糸を下に引くと容器内の（　②　）。

	①	②
ア	ペットボトルとゴム膜	気圧が上がり，肺から空気が出る
イ	ペットボトルとゴム膜	気圧が上がり，肺に空気が入る
ウ	ペットボトルとゴム膜	気圧が下がり，肺から空気が出る
エ	ペットボトルとゴム膜	気圧が下がり，肺に空気が入る
オ	ゴム風船	気圧が上がり，肺から空気が出る
カ	ゴム風船	気圧が上がり，肺に空気が入る
キ	ゴム風船	気圧が下がり，肺から空気が出る
ク	ゴム風船	気圧が下がり，肺に空気が入る

2　ヒトの心臓は4つの部屋に分かれており，静脈血と動脈血が混ざらないようになっているため，効率よく酸素を細胞に送ることができる。

図2はヒトの血液循環を模式的に表したものである。血管aからdのうち，動脈血が流れている血管の組み合わせとして最も適当なものを次のアからカの中から選べ。

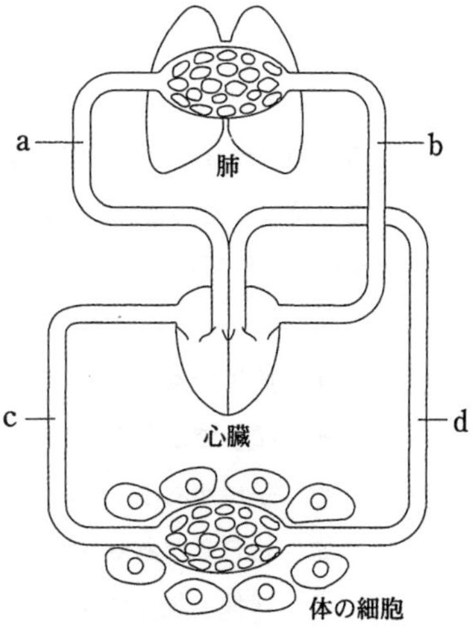

図2

ア　aとb　　イ　aとc　　ウ　aとd
エ　bとc　　オ　bとd　　カ　cとd

3　次の文章の空欄①から③に当てはまる語句の組み合わせとして，最も適当なものを下のアからクの中から選べ。

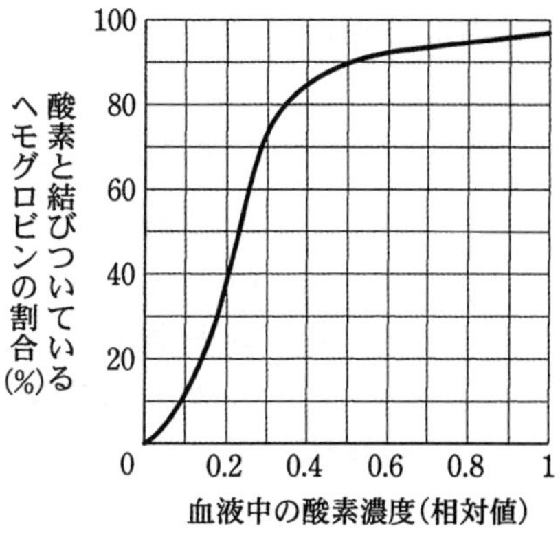

図3

図3のグラフから，ヘモグロビンには血液中の酸素濃度が高いほど酸素と（　①　）性質があることがわかる。組織が活発に活動すると，多くの酸素が必要となる。グラフがこのような曲線になっているということは，組織が活発になるほど酸素と結びついているヘモグロビンの割合が（　②　）することを示しており，（　③　）酸素が組織に運ばれるしくみになっていることがわかる。

	①	②	③
ア	結びつきやすい	緩やかに増加	一気に多くの
イ	結びつきやすい	緩やかに増加	少しずつ
ウ	結びつきやすい	急激に減少	一気に多くの
エ	結びつきやすい	急激に減少	少しずつ
オ	離れやすい	緩やかに増加	一気に多くの
カ	離れやすい	緩やかに増加	少しずつ
キ	離れやすい	急激に減少	一気に多くの
ク	離れやすい	急激に減少	少しずつ

（このページは余白です。）

6 イタリアのガルヴァーニは，カエルの解剖をする際に，A両足に二種類の異なる金属が触れると足がけいれんすることを発見した。イタリアのボルタはガルヴァーニの研究成果を参考に，図1のようなB銀板と亜鉛板の間に（　　）でぬらした布をはさんで積み重ねたもの（ボルタ電堆《でんたい》）を発明し，針金をつなぐと電流が発生した。これが電池の始まりといわれている。その後，イギリスのダニエルがダニエル電池を発明した。次の問1から問8に答えよ。

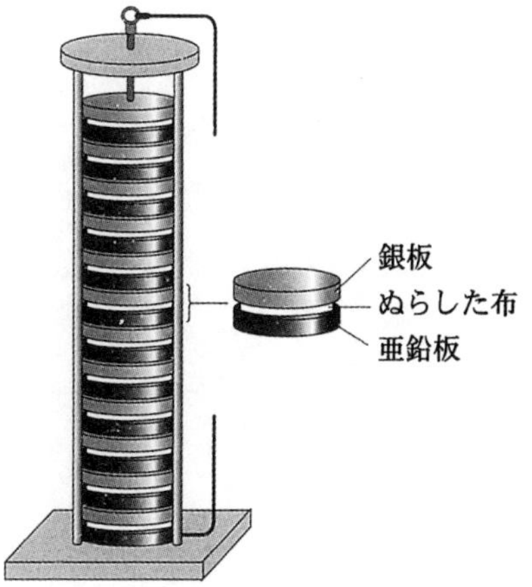

図1

問1　下線部Aのできごとと関連することとして，身体が動く際は，一般に電気の信号が神経を通して器官に伝わっていると考えられている。神経と器官について書かれた内容が適切なものを次のアからエの中から選べ。

ア　中枢神経からの信号が感覚神経を通して，運動器官に伝わるため身体が動く。
イ　中枢神経からの信号が感覚神経を通して，感覚器官に伝わるため身体が動く。
ウ　中枢神経からの信号が運動神経を通して，運動器官に伝わるため身体が動く。
エ　中枢神経からの信号が運動神経を通して，感覚器官に伝わるため身体が動く。

問2　ボルタ電堆と同様のものを製作し，電流をとり出したい。下線部Bの空欄に入れるものとして候補となる液体は何か。次の①から④のうち，適切なものには○，適切でないものには×をマークせよ。

①　食塩水　　②　エタノール　　③　砂糖水　　④　蒸留水

問3　図2はイギリスのダニエルが発明したダニエル電池と同じ原理の電池を用いて抵抗器をつなぎ，電圧と電流を測定する回路を示している。電圧計と電流計の針が図3のようになったとき，この抵抗器の電気抵抗はいくらか。

アイ Ω

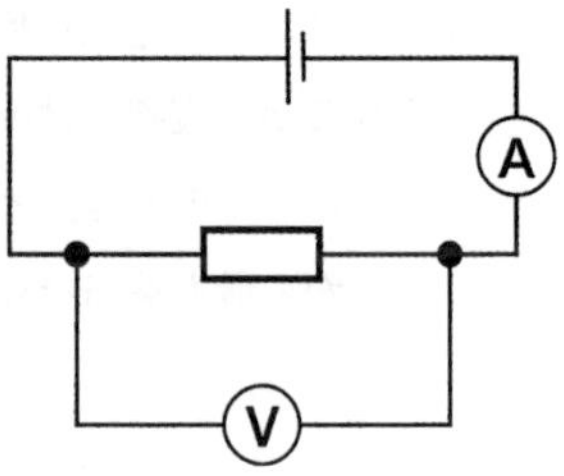

図2

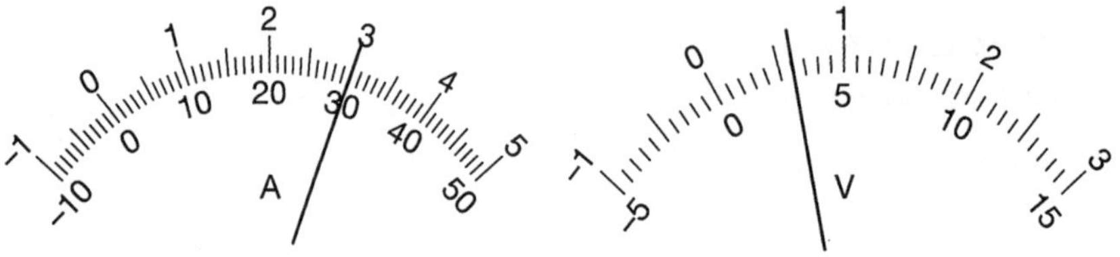

注：電流計は50 mA 端子，電圧計は3 V 端子を使用している。

図3

問4　ダニエル電池を使用する前に，－極の板と＋極の板の質量をそれぞれ測定した。ダニエル電池を十分な時間使用した後，再び－極の板の質量と＋極の板の質量を測定した。電池を使用する前後で板の質量を比較したとき，それぞれどのように変化すると考えられるか，次のアからエの中から選べ。ただし，電極板に析出*したものは電極板上にすべて残り，電極板から溶け出したものは電極板上には付着していないものとする。また，電極板の質量は乾燥した状態で測定しているものとする。

＊析出…溶液や気体から固体が分離してでてくること

ア　どちらの極の板も質量が増加している。
イ　－極の板は質量が増加しているが，＋極の板は減少している。
ウ　＋極の板は質量が増加しているが，－極の板は減少している。
エ　どちらの極の板も質量が減少している。

問5　ダニエル電池を使用すると，＋極側と－極側で電気のかたよりが生じてしまうことが心配されるが，実際にはセロハンを通してある粒子が移動することで，電気的なかたよりを解消している。このとき，どのようなものがセロハンを通過していると考えられるか。次のアからカの中から最も適当なものを選べ。

ア　原子が通過している。
イ　分子が通過している。
ウ　イオンが通過している。
エ　電子が通過している。
オ　陽子が通過している。
カ　中性子が通過している。

問5より，セロハンには小さな穴があると考えられる。そのことを探るため，次のような実験を行った。ただし，ブドウ糖のかわりに麦芽糖を用いても同様の結果が得られる。

[実験]

図4のように，セロハンを袋状にしてブドウ糖水溶液を入れ，水にしばらくつけておいた。この装置をAとする。また，セロハンを袋状にしてでんぷんのりを入れ，水にしばらくつけておいた。この装置をBとする。

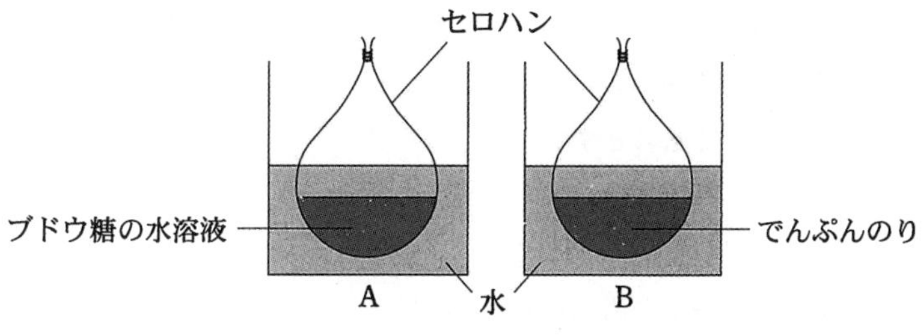

図4

問6　ブドウ糖とでんぷんのりがセロハンの穴を通過したかどうかを確かめるために，Aの水，Bの水に対して，次の【操作1】または【操作2】のいずれかを行う。Aの水，Bの水に行う操作の組み合わせとして適切なものを下のアからエの中から選べ。

【操作1】　水にヨウ素溶液を加えて色の変化を観察する。

【操作2】　水にベネジクト液を加えて加熱し，色の変化を観察する。

ア　Aの水，Bの水ともに【操作1】を行う。
イ　Aの水は【操作1】，Bの水は【操作2】を行う。
ウ　Aの水は【操作2】，Bの水は【操作1】を行う。
エ　Aの水，Bの水ともに【操作2】を行う。

問7　問6で適切な操作を行ったところ，でんぷんの分子，ブドウ糖の分子，セロハンの穴の大きさの順番がわかった。適切なものを次のアからカの中から選べ。

ア　ブドウ糖の分子　＞　セロハンの穴　＞　でんぷんの分子
イ　ブドウ糖の分子　＞　でんぷんの分子　＞　セロハンの穴
ウ　でんぷんの分子　＞　セロハンの穴　＞　ブドウ糖の分子
エ　でんぷんの分子　＞　ブドウ糖の分子　＞　セロハンの穴
オ　セロハンの穴　＞　でんぷんの分子　＞　ブドウ糖の分子
カ　セロハンの穴　＞　ブドウ糖の分子　＞　でんぷんの分子

問8　電池はエネルギーの変換装置であり，次のようにエネルギーが変換されている。空欄①と②に当てはまる最も適当な語を下のアからキの中から選べ。

（　①　）エネルギー　→　（　②　）エネルギー

ア　位置　**イ**　運動　**ウ**　熱　**エ**　音　**オ**　電気　**カ**　化学　**キ**　核

問1　本文と表から考えて，次の（1）～（3）の英文の（　　）に入る適切なものをア～エの中からそれぞれ一つずつ選びなさい。

（1）The calories which Ken burned by walking to school today and the calories from drinking (　　　) liters of milk are the same.

ア　0.1　　イ　0.2　　ウ　0.3　　エ　0.4

（2）Mary has to jog for (　　　) minutes to burn all the energy that was in the cake she ate today.

ア　20　　イ　30　　ウ　40　　エ　50

（3）When Nancy arrived at her university this morning, she still had (　　　) kcal of energy left in her body from her breakfast.

ア　195　　イ　205　　ウ　215　　エ　225

問2　次の英文は，この調査を行った John によるまとめです。（　1　）と（　2　）に入る最も適切なものをア～エの中からそれぞれ一つずつ選びなさい。

I found that the calories which I burned by playing tennis for two hours today and the calories from (1) were the same. The result was surprising. I also learned that the calories I burned by jogging for thirty minutes and the calories (2) were the same.

（1）ア　having two pieces of cake
　　イ　having two pieces of cake and drinking 0.2 liters of milk
　　ウ　having two pieces of cake and three slices of buttered bread
　　エ　having three pieces of cake and drinking 0.2 liters of milk

（2）ア　Ken burned by walking to school this morning
　　イ　Mary burned by going to school by bike this morning
　　ウ　Nancy burned by going to university by bike this morning
　　エ　Tom burned by riding his bike today

6 大豆（soybean）を主な原料として作られる大豆肉（soy meat）について書かれた次の英文を良く読み，後の問題に答えなさい。

Have you ever heard of "soy meat"? It is meat made from soybeans. The "meat" [1], and you can buy it in Japan, too.

More people are eating soy meat these days for several reasons. First, soybeans are good for your health. For example, soybeans have a lot of protein and vitamin E. [2], and they want to eat food that is good for their bodies.

Second, more people are eating animal meat around the world. [3]. Some people are worried that they won't be able to eat animal meat in the future, and they are trying to eat more soy meat and less animal meat.

Some people don't eat animal meat for other reasons. Farmers do not need a lot of resources to grow soybeans. However, we need a lot of grain and water to raise animals for meat. [4] like global warming.

A few people don't eat animal meat because they feel sorry for animals. They never eat animal meat, but they usually have good health. [5]. For example, these people try to get enough protein by eating many kinds of food each day.

In Japan, some companies realized these facts and they are trying to develop better soy meat. However, there are still many problems in developing their products. Soybeans come from plants and it is not easy for them to make soy meat taste like animal meat. As a result of their hard work, the taste is getting better every year.

We Japanese have used soybeans for centuries, and they are called "meat from the fields." We often eat tofu, and it is made from soybeans, just like soy meat. If you find a soy meat hamburger in a restaurant, please try it and think about the future of the world.

（注）protein タンパク質　　vitamin E　ビタミンE　　less より少ない
grain 穀物《こくもつ》　　raise 育てる　　global warming 地球温暖化
feel sorry for ～ ～をかわいそうに思う　　taste 味がする，味
tofu 豆腐　　meat from the fields 畑の肉

問1　本文中の [1] に入る最も適切なものを次のア～ウの中から一つ選びなさい。

ア　was animal meat eaten in America in the 20th century

イ　that you cannot buy in Europe is fish

ウ　is now becoming popular in Europe and the U.S.

問2　本文中の [2] に入る最も適切なものを次のア～ウの中から一つ選びなさい。

ア　Some people are more interested in their health

イ　Some food companies are selling many kinds of animal meat

ウ　There are many people who aren't careful about their health at all

問3　本文中の [3] に入る最も適切なものを次のア～ウの中から一つ選びなさい。

ア　There are less people in the world now than there were 10 years ago

イ　The fact is that nobody is eating animal meat these days

ウ　Maybe there will not be enough animal meat for everyone someday

問4　本文中の [4] に入る最も適切なものを次のア～ウの中から一つ選びなさい。

ア　Most animals like warm weather

イ　This may increase the danger of other serious problems

ウ　We must make houses for animals

問5　本文中の [5] に入る最も適切なものを次のア～ウの中から一つ選びなさい。

ア　Most animals need soybeans to grow well

イ　They are very careful about their food

ウ　We can't live without eating animal meat

問6　本文中の下線部 them の内容を次のア～ウの中から一つ選びなさい。

ア　companies that are developing soy meat

イ　animals that eat grain

ウ　farmers who raise animals for meat

問7　次のア～ウは本文を読んで生徒が述べた意見です。最も適切に内容を理解して述べられたものを一つ選びなさい。

ア　I was very surprised to read the story. I like tofu very much, and eat it almost every day. I'm afraid that we will not be able to eat tofu next year. I am going to eat less tofu.

イ　It was a very interesting story. I love animals very much. So I want to keep many animals in my home in the future.

ウ　I had a soy meat hamburger a few months ago. Actually, the taste was not so bad. I believe that companies will develop better soy meat in the future.

（このページ以降は余白です。）

(3) yの値が長方形DEFGの面積の半分となるのは，$x = \dfrac{\boxed{\text{コサ}}}{\boxed{\text{シ}}}$のときである。

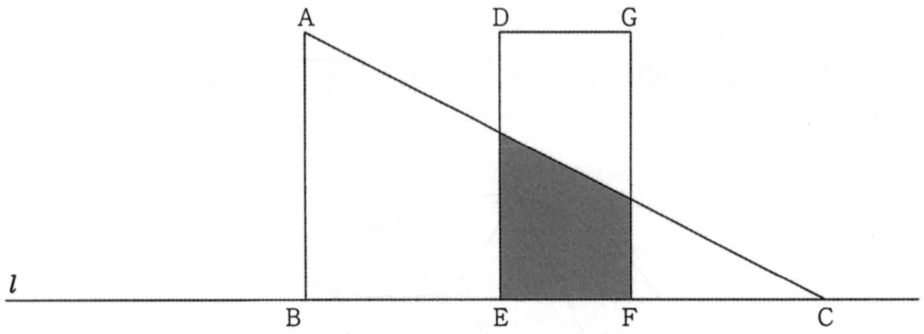

(4) $0 < h < 2$とする。xの値が1から$1 + h$まで増加するとき，yの変化の割合をhの式で表すと，$\dfrac{h + \boxed{\text{ス}}}{\boxed{\text{セ}}}$である。

3 以下の図で，A，B，C，D は円周上の異なる点である。線分 AC と線分 BD の交点を P とし，点 P を通り線分 BC に平行な直線と線分 CD の交点を Q とする。このとき，次の各問いに答えなさい。

(1) $\angle \mathrm{DAB} = 105^\circ$，$\angle \mathrm{ABD} = 21^\circ$ のとき，$\angle \mathrm{CPQ} = \boxed{アイ}^\circ$ である。

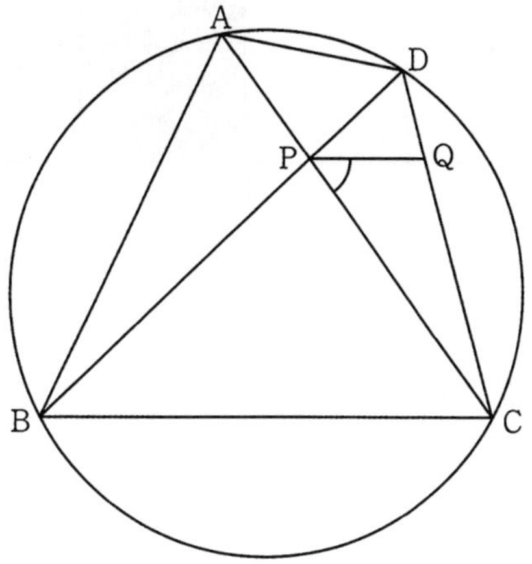

(2) 点 P が BD の中点で，$\mathrm{AD} = 3$，$\mathrm{BC} = 4$，$\mathrm{BD} = 7$ のとき，$\mathrm{PC} = \dfrac{\boxed{ウエ}}{\boxed{オ}}$ である。

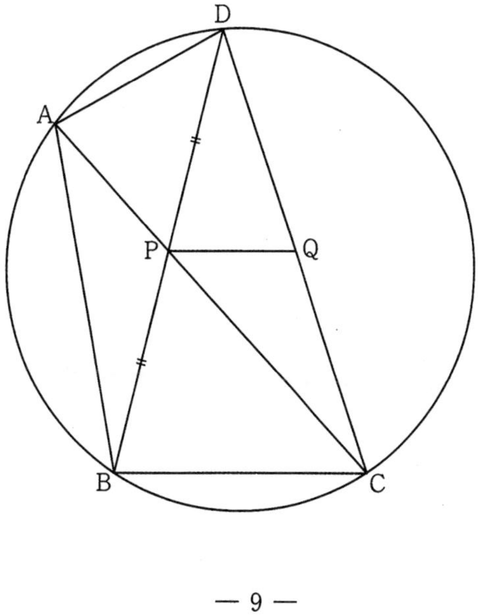

(3)　BCが円の直径で，$BC = 20$，$CD = 12$，$PQ = 15$ のとき，$PC =$ $\boxed{\text{カキ}}\sqrt{\boxed{\text{ク}}}$ である。
また，$AD =$ $\boxed{\text{ケコ}}\sqrt{\boxed{\text{サ}}}$ である。

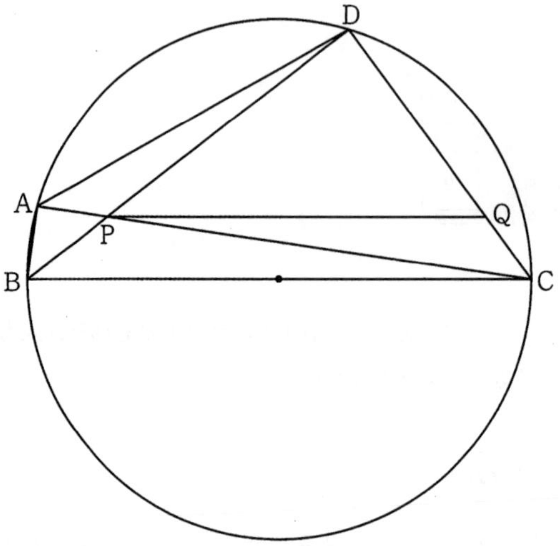

4 図1は，2つの入力 a，b と2つの出力 x，y を備えた計算装置（ユニット）で，入力 a，b の値に対し，出力 x，y の値はそれぞれ $a+b$，ab となる。

図1　ユニット

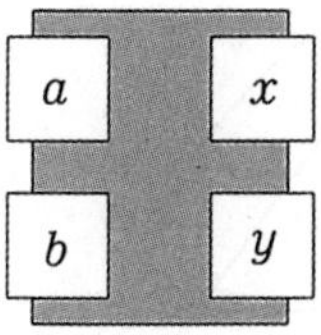

図2のように，前のユニットの出力 x，y が次のユニットのそれぞれ入力 a，b となるように3つのユニットを連結して，計算プログラムAを作った。

図2　プログラムA

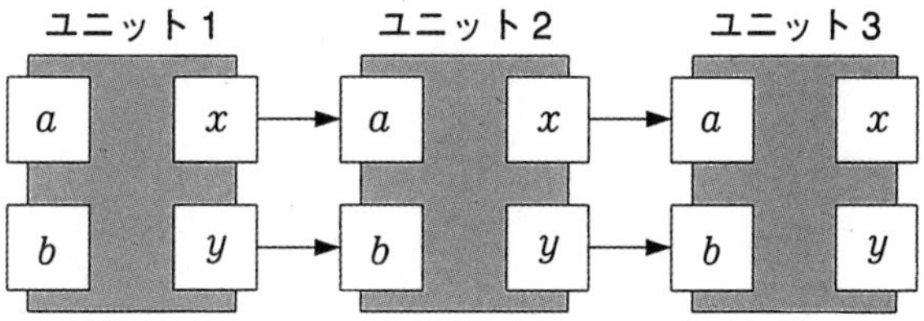

また，図3のように，前のユニットの出力 x が次のユニットの入力 a，b となるように3つのユニットを連結して，計算プログラムBを作った。

図3　プログラムB

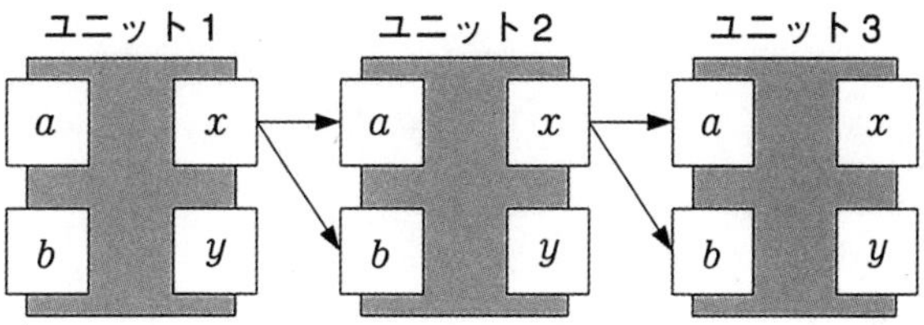

なお，プログラムA，Bともに，ユニット1の入力 a，b の値は，整数に限るものとする。

図4，図5は，プログラムA，Bのそれぞれについて，ユニット1の入力が $a=1$，$b=1$ の場合の各ユニットの状態を表したものである。

図4　プログラムA

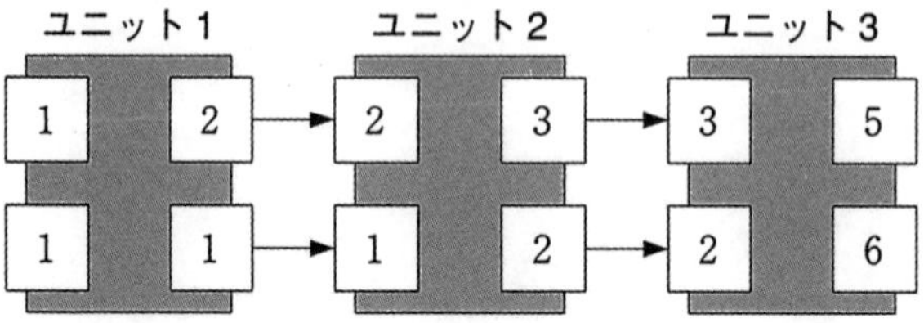

図5　プログラムB

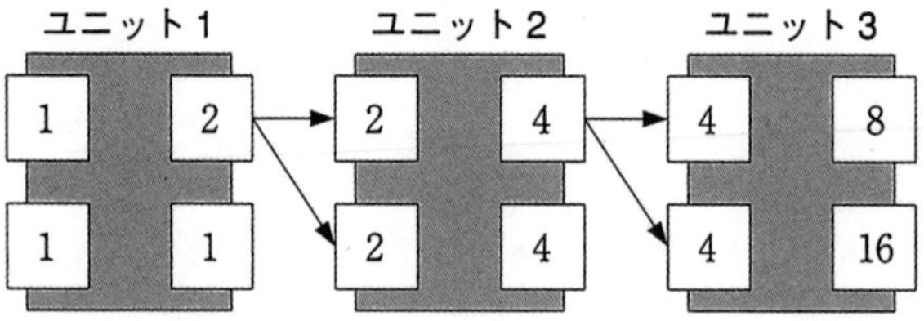

このとき，次の各問いに答えなさい。

(1)　プログラムAにおいて，ユニット1の入力が $a=1$，$b=3$ のとき，ユニット3の出力は $x=$ [アイ]，$y=$ [ウエ] である。

(2)　プログラムAにおいて，ユニット1の出力 x の値が1で，ユニット3の出力が $x=-3$，$y=2$ のとき，ユニット1の入力で，$a<b$ であるものは，$a=$ [オカ]，$b=$ [キ] である。

(3)　プログラムBにおいて，ユニット1の入力が $a=1$，で，ユニット3の出力 y の値が64のとき，ユニット1の入力 b の値は [ク] または [ケコ] である。

(4)　プログラムBにおいて，ユニット1の入力が $a=1$，$b=2$ のとき，ユニット2，3のどちらにおいても，出力 x，y について，$y=\dfrac{[サ]}{[シ]}x^2$ が成り立つ。

（このページ以降は余白です。）

令和４年度入学者選抜学力検査本試験問題

数　　学　(50分)

(配　点)	[1]　40点	[2]　20点	[3]　20点	[4]　20点

(注 意 事 項)

1　問題冊子は指示があるまで開かないこと。

2　問題冊子は１ページから12ページまである。検査開始の合図のあとで確かめること。

3　検査中に問題冊子の印刷不鮮明，ページの落丁・乱丁及び解答用紙の汚れ等に気づいた場合は，静かに手を高く挙げて監督者に知らせること。

4　解答用紙に氏名と受験番号を記入し，受験番号と一致したマーク部分を塗りつぶすこと。受験番号が「0（ゼロ）」から始まる場合は，0（ゼロ）を塗りつぶすこと。

5　解答には，必ずＨＢの黒鉛筆を使用すること。なお，解答用紙に必要事項が正しく記入されていない場合，または解答用紙に記載してある「マーク部分塗りつぶしの見本」のとおりにマーク部分が塗りつぶされていない場合は，解答が無効になることがある。

6　一つの解答欄に対して複数のマーク部分を塗りつぶしている場合，または指定された解答欄以外のマーク部分を塗りつぶしている場合は，有効な解答にはならない。

7　解答を訂正するときは，きれいに消して，消しくずを残さないこと。

8　定規，コンパス，ものさし，分度器及び計算機は用いないこと。

9　問題の文中の [アイ]，[ウ] などには，特に指示がないかぎり，負の符号（－）または数字（0～9）が入り，ア，イ，ウの一つ一つは，これらのいずれか一つに対応する。それらを解答用紙のア，イ，ウで示された解答欄に，マーク部分を塗りつぶして解答すること。

例 [アイウ] に
－83 と解答するとき

(1)	ア	●	⓪	①	②	③	④	⑤	⑥	⑦	⑧	⑨
	イ	⊖	⓪	①	②	③	④	⑤	⑥	⑦	●	⑨
	ウ	⊖	⓪	①	②	●	④	⑤	⑥	⑦	⑧	⑨

10　解答は解答欄の形で解答すること。例えば，解答が$\frac{2}{5}$のとき，解答欄が [エ].[オ] ならば 0.4 として解答すること。

11　分数の形の解答は，それ以上約分できない形で解答すること。例えば，$\frac{2}{3}$を$\frac{4}{6}$と解答しても正解にはならない。また，解答に負の符号がつく場合は，負の符号は，分子につけ，分母にはつけないこと。例えば，$\dfrac{\boxed{\text{カキ}}}{\boxed{\text{ク}}}$に$-\frac{3}{4}$と解答したいときは，$\frac{-3}{4}$として解答すること。

12　根号を含む形で解答する場合，根号の中に現れる自然数が最小となる形で解答すること。例えば，$4\sqrt{2}$を$2\sqrt{8}$と解答しても正解にはならない。

ア　科学者ばかりでなく、一般市民も科学的な知識にもとづく説明を求める傾向があるから。

イ　二〇世紀になると、心理現象の研究成果の一部が社会一般に知られるようになったから。

ウ　科学的な研究の価値は、それが社会生活に及ぼす影響の大きさによって測られるから。

エ　科学的知識や技術が社会に影響を及ぼすことを、科学者が意識せざるを得なくなったから。

問6　本文中に、(4)ある実験を行った。とあり、その実験結果が破線部A（一般人）・B（専門家）・C（学生）に分けて説明されている。実験結果の説明A・B・Cに対応する図を、それぞれ後の**図ア・図イ・図ウ**の中から選べ。**ただし、同じ記号は二回使わない。**

A　脳神経科学を学んだ経験のない一般人は、不適切な説明であっても科学的な用語が加わっていると、説明の内容部分は同じなのに、科学用語がない説明より高く評価した。

B　専門家は、科学的用語の有無にかかわらず、不適切な説明文は低く評価した。さらに、適切な説明文に科学的用語が加わったものは、その科学的用語の内容が不正確であり説明内容に適していないとの判断から、科学的用語がない説明よりむしろ低く評価した。

C　脳神経科学入門の講義を半年間聴いてきた学生たちは、専門家とは真逆の反応を示した。一般の素人と同じく、不適切な説明文でも科学的用語があれば、そうでないものより高く評価し、さらにあろうことか、適切な説明文でも科学的用語が加わったほうを、より優れた説明と評価したのだ。これは、専門家の判定とは正反対だ。

(図ア)

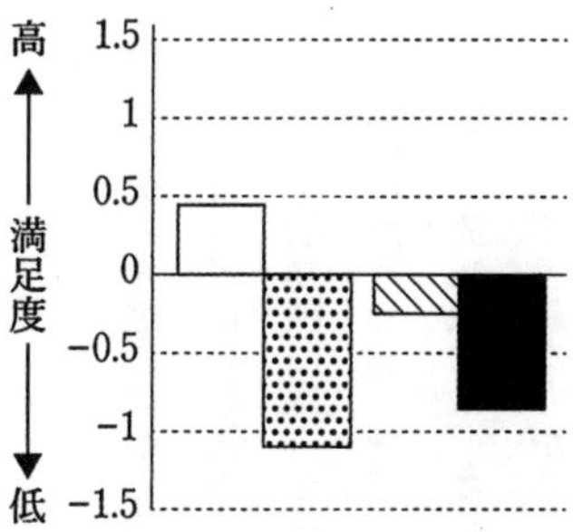

(図イ)

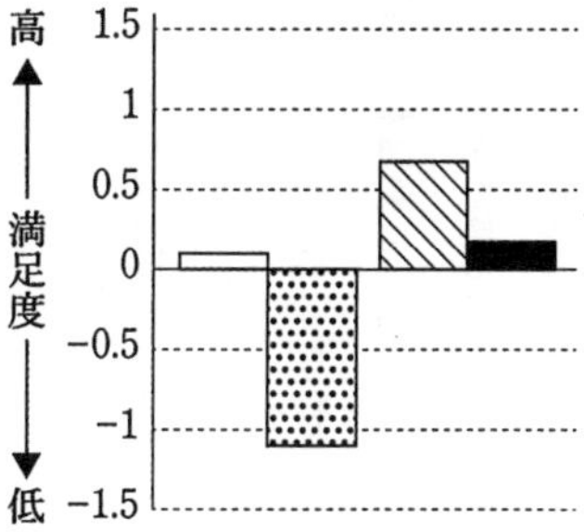

(図ウ)

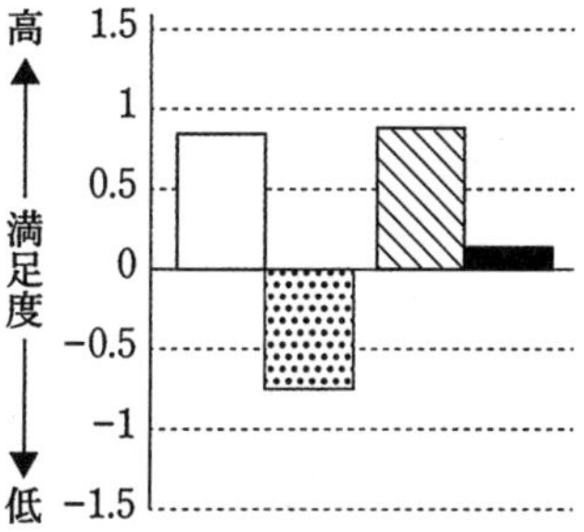

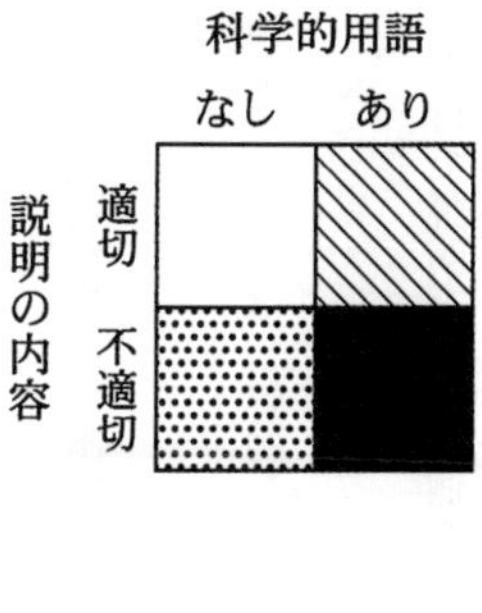

問7　本文中に、(5)普遍的かつ強力なのだ、知識の魔力は。とあるが、どういうことか。その説明として最も適当なものを、次の**ア**から**エ**までの中から一つ選べ。

ア　科学的知識には不思議な魅力があるため、説明をする側である科学者はそれらを使いたい誘惑にかられ、また説明を受ける側である一般市民も、科学者に科学的用語をできるだけ多く使うよう要望する傾向がある。

イ　科学的知識には人を惑わす強い力があるため、一見科学的な装いをまとっただけの説明が適切か否かを判定することは、説明を受ける側の一般市民だけでなく科学的知識を持った専門家にとっても非常に難しい。

ウ　科学的知識には、それを使うのが不適切な場合でも使いたい気持ちにさせるとともに、科学的用語があるだけで説明を受ける側を満足させてしまう不思議な力があり、その力は様々な分野で人に影響を及ぼしている。

エ　科学的知識には、それを使わない方が適切な場面でも使うようにと人を誘惑するとともに、科学的知識を持つ専門家も幻惑して知識を適切に使えなくさせる強い力があり、その力は幅広い分野で人を混乱させている。

問8　本文中に、(6)科学的な言明は、日常生活場面で使える形に「翻訳」しないと使えないことが多い　とあるが、なぜか。その理由として最も適当なものを、次の**ア**から**エ**までの中から一つ選べ。

ア　科学的な言明は、そのままでは日常生活場面のどこにどう当てはまり行動指針としてどう役に立つのか、一般市民にとってわかりにくいから。

イ　日常生活で科学的知識を使おうとする一般市民は、科学的用語が含まれるだけで満足し、科学的な言明の真の意味を理解しようとしないから。

ウ　専門家は、様々な条件を考えて厳密に科学的な言明を発しようとするが、日常の生活場面は複雑であって専門家の想定を超えてしまうから。

エ　厳密な条件や留保が付いた科学的な言明は、表現の性質が日常の言葉とは異なるために、日常の行動指針としてはまったく役に立たないから。

3

次の文章を読んで、後の問いに答えよ。

浩弥《ひろや》は絵を描くのが好きで、高校卒業後はデザイン学校に進んだが、三十歳になった今も就職ができずにいた。高校三年生の時に埋めたタイムカプセルを開封するための同窓会で、作家志望だった友人・征太郎《せいたろう》と再会し、彼が今も創作を続けていることを知る。たまたま立ち寄ったコミュニティハウス(注1)の図書室で、司書の小町《こまち》(注2)さんに『進化の記録』という写真集をすすめられ、浩弥はそれを閲覧するために図書室に通うようになった。

「……ダーウィン(注3)って、ひどい奴じゃないですか。ウォレス(注4)が不憫《ふびん》だ。先に発表しようとしたのはウォレスなのに、ダーウィンばっかりもてはやされて。俺、この本を読むまでウォレスなんて名前も知らなかった。」

しばらく沈黙が続いた。俺はつっぷしたままで、a小町さんは何も言わずにおそらく針を刺していた。

少しして、小町さんが口を開いた。

「伝記や歴史書なんかを読むときに、気をつけなくちゃいけないのは」

俺は顔を上げる。b小町さんは俺と目を合わせ、ゆっくりと続けた。

「それもひとつの説である、ということを念頭に置くのを忘れちゃだめだ。実際のところは本人にしかわからないよ。誰がああ言ったとかこうしたとか、人伝えでいろんな解釈がある。リアルタイムのインターネットでさえ誤解は生じるのに、こんな昔のこと、どこまで正確かなんてわからない。」

cこきん、と小町さんは首を横に倒す。

「でも、少なくとも浩弥くんはその本を読んでウォレスを知ったよね。そしてウォレスについて、いろんなことを考えている。それってじゅうぶんに、(1)この世界にウォレスの生きる場所を作ったということじゃない？」

俺がウォレスの生きる場所を？

誰かが誰かを想う。それが居場所を作るということ……？

「それに、ウォレスだって立派に有名人だよ。世界地図には、生物分布を表すウォレス線なんてものも記されてる。彼の功績はちゃんと認められてると思うよ。その背後には、どれだけたくさんの名も残さぬ偉大な人々がいただろうね。」

dそして小町さんは、おでこに人差し指を当てた。

「それはさておき、『種の起源』だ。あれが発行されたのが一八五九年だと知ったときに、私は目玉が飛び出るかと思った。」

「え、なんで。」

「だって、たった百六十年前だよ。つい最近じゃないの。」

つい最近……。そうなのか。俺が眉を寄せて考え込んでいると、小町さんは頭のかんざしにそっと手をやる。

「五十歳近くになるとね、百年って単位が短く感じられるものだよ。百六十年なんて、がんばれば生きてそうだもん、私。」

それには納得がいった。生きていそうだ、小町さんなら。

ざくざく、ざくざく。小町さんが無言になって、毛玉に針を刺しはじめる。

俺は本に目を落とし、ウォレスのそばにいたであろう名も残さぬ人々のことを想った。

コミュニティハウスを出たところで、スマホが鳴った。

征太郎からの電話だった。友達からの電話なんてほぼかかってきたことがなくて、俺は立ち止まり、緊張気味に出た。

「浩弥、僕……僕……」

スマホの向こうで征太郎が泣きじゃくっている。俺はうろたえた。

「どうしたんだよ、おい、征太郎。」

「……作家デビュー、決まった。」

「は？」

「実は、年末にメイプル書房の編集さんからメールがあったんだ。僕、秋の文学フリマで小説の冊子を出していて、それを読んでくれた崎谷《さきたに》さんって人から。何度か会って打ち合わせして、少し手を入れる方向で、今日、企画が通ったって。」

「す、すげえ！　よかったじゃん！」

震えた。

すげえ、ほんとにすげえ。夢かなえちゃったよ、征太郎。

「浩弥に、一番に言いたかったんだ。」

「え。」

「僕が作家になれるわけないって、きっとみんな思ってた。でも高校のとき、浩弥だけは言ってくれたんだ。征太郎の小説は面白いから書き続けろって。浩弥は忘れちゃったかもしれないけど、僕にとってはそのひとことが原動力で、最強に信じられるお守りだったんだ。」

征太郎は大泣きしていたけど、俺も涙があふれて止まらなかった。俺の……俺の小さなひとことを、そこまで大事にしてくれてたなんて。

でも、征太郎が書き続けて発表し続けてこられたのは、そのせいだけじゃない。きっと、征太郎の中に自分を信じる気持ちがあったからだ。

「じゃあ、もう水道局員じゃなくて作家だな。」

鼻水をすすりながら俺が言うと、征太郎は「ううん。」と笑った。

「水道局の仕事があったから、小説を書き続けることができたんだ。これからも辞めないよ。」

俺はその言葉を、頭の中で繰り返した。どういう意味だろうと考えてしまうような、でも理屈じゃなくすごくわかるような。

「今度、お祝いしような。」と言って、俺は電話を切った。

俺は興奮して、ぐるぐるとコミュニティハウスの周りを歩いた。鉄の柵の前に、やっとふたり座れるぐらいの小さな木のベンチがあった。そこに腰を下ろす。

柵の向こうに小学校の校庭がある。併設とはいえ、こちらからは入れないようになっている。放課後なんだろう、子どもたちがジャングルジムに登って遊んでいた。

二月の終わりの夕方、だいぶ日が長くなっていた。

俺は気持ちを落ち着かせながら、ジャンパーの両ポケットに手を突っ込んだ。

左にタイムカプセルの紙、右に小町さんがくれたぬいぐるみ。

どちらも入れたままになっていた。俺はふたつとも取り出し、それぞれの手に載せた。

飛行機。誰もが知ってる文明の［①］器。大勢の客や荷物を乗せて空を飛んでいても、今、驚く人はいない。

たった百六十年前――。

それまでヨーロッパでは、生物はすべて神が最初からその形に創ったもので、これまでもこれからも姿を変えることなんかないって固く信じられていた。

サンショウウオは火から生まれたと、極楽鳥は本当に極楽から来た使いだと。みんな真剣にそう思っていた。

だからダーウィンは発表することを躊躇《ちゅうちょ》したのだ。まさに、(2)環境に適応しない考えを持つ自分自身が淘汰《とうた》されることを恐れて。

でも、今や進化論はあたりまえになっている。ありえないって思われてたことが、常識になっている。ダーウィンもウォレスも、当時の研究者たちはみんな、自分を信じて、学び続けて発表し続けて……。

自分を取り巻く環境のほうを変えたんだ。

(3)右手に乗った飛行機を眺める。

百六十年前の人たちに、こんな乗り物があるって話しても誰も信じないだろう。

鉄が飛ぶはずないって。そんなものは空想の世界の話だって。
俺も思っていた。
俺に絵の才能なんてあるわけない、普通に就職なんてできるはずない。
でもそのことが、どれだけの可能性を狭めてきたんだろう?

そして左手には、土の中に保管されていた高校生の俺。四つ折りにされた紙の端をつまみ、俺はようやく、タイムカプセルを開く。
そこに書かれた文字を見て、俺はハッとした。

「人の心に残るイラストを描く。」

たしかに俺の字で、そう書いてあった。
そうだったっけ……ああ、そうだったかもしれない。
どこかでねじまがって、勘違いが刷り込まれていた。「歴史に名を残す。」って書いてたと思い込んでいた。壮大な夢を抱いていたのに打ち砕かれたって。俺を認めてくれない世間や、ブラックな企業がはびこる社会が悪いって、被害者ぶって。でも俺の根っこの、最初の願いは、こういうことだったじゃないか。
丸めようとしていた俺の絵を、救ってくれたのぞみちゃん(注5)の手を思い出す。俺の絵を、好きだって言ってくれた声も。俺はそれを、素直に受け取っていなかった。お世辞だと思っていた。自分のことも人のことも信じてなかったからだ。
十八歳の俺。ごめんな。
今からでも、遅くないよな。歴史に名が刻まれるなんて、うんと後のことよりも……それよりも何よりも、誰かの人生の中で心に残るような絵が一枚でも描けたら。
(4)それは俺の、れっきとした居場所になるんじゃないか。

(青山《あおやま》美智子《みちこ》『お探し物は図書室まで』による)

(注1) コミュニティハウス=小・中学校等を活用した地方公共団体の施設。

（注２）小町さん＝コミュニティハウスの図書室の司書。羊毛フェルトを針で刺してぬいぐるみを作るのが趣味。
（注３）ダーウィン＝イギリスの学者。『種の起源』の著者で進化論を提唱した。
（注４）ウォレス＝イギリスの生物学者。ダーウィンとは別に自然選択を発見し、ダーウィンが理論を公表するきっかけを作ったとされる。
（注５）のぞみちゃん＝図書室の司書見習い。

問１　本文中の［①］に当てはまる漢字を、次の**ア**から**エ**までの中から一つ選べ。

ア　理　**イ**　利　**ウ**　離　**エ**　裏

問２　小町さんの小説の中での役割について話し合っている次の会話文の［A］、［B］、［C］に当てはまるものを、それぞれ後の**ア**から**エ**までの中から選べ。**ただし、同じ記号は二回使わない。**なお引用されている**a**～**d**については、本文中に破線で示してある。

生徒１　小町さんは、気づかいがある人みたいだね。**d**「小町さんは、おでこに人差し指を当てた。」は、浩弥を少しリラックスさせようとして、話題をうまく変えているみたい。
生徒２　**d**「小町さんは、おでこに人差し指を当てた。」に続く言葉は少し冗談っぽいけど、［A］
生徒３　でも、真面目なときは真面目だね。**b**「小町さんは俺と目を合わせ、ゆっくりと続けた。」は、すごくまっすぐな感じがする。わざわざ目を合わせて、［B］
生徒１　**a**「小町さんは何も言わずにおそらく針を刺していた。」ではまるで無関心そうな感じもするのに、その後を見るとちゃんと浩弥の話を聴いていて。人との距離の取り方が上手な人だね。
生徒２　浩弥の言うことを否定はしない。でも、**c**「こきん、と小町さんは首を横に倒す。」に続く言葉は、［C］
生徒３　年齢を重ねた大人の余裕みたいなものを感じるね。

ア　知らない他人まで悪く言う浩弥の視点を変えて、人間のいい面を見ることが大事だと伝えようとしているね。
イ　世間に広く認められることに価値があると考える浩弥に、別の見方があることをさりげなく伝えているね。
ウ　ゆったりとした時間の捉え方を示して、いらだっていた浩弥の気持ちを落ち着かせようとしているね。
エ　自分の思い込みにとらわれがちな浩弥に確実に言葉を届けることで、彼の視野を広げようとしているね。

問3　本文中に、(1)この世界にウォレスの生きる場所を作った　とあるが、どういうことか。その説明として最も適当なものを、次の**ア**から**エ**までの中から一つ選べ。

ア　ウォレスの進化論を学んだ人間が世間に出ていった分だけ、ウォレスという人間がいたことを知る人が増え続ける。

イ　ウォレスの考えを理解している人間がいる分だけ、ウォレスという人間が地球上に残した学問的価値が増し続ける。

ウ　ウォレスの説が正しいと認める人間が増えた分だけ、ウォレスという人間が残した功績は人々に称賛され続ける。

エ　ウォレスのことを知っている人間が増えた分だけ、ウォレスという人間がこの世界に存在した意味が残り続ける。

問4　本文中に、(2)環境に適応しない考えを持つ自分自身が淘汰される　とあるが、どういうことか。その説明として最も適当なものを、次の**ア**から**エ**までの中から一つ選べ。

ア　ある社会が認めようとしない考えを持つ者が、その社会から迫害を受けてしまう。

イ　決して人に合わせようとしない者が、付き合いにくいと思われ絶交されてしまう。

ウ　まだ世界で知られていない発見をした者が、周囲から変わり者扱いされてしまう。

エ　まったく世間の常識を知らない者が、失礼な人だと思われ低く評価されてしまう。

問5　本文中に、(3)右手に乗った飛行機を眺める。とあるが、この「飛行機」は浩弥にとってどのような意味を持つものか。最も適当なものを、次の**ア**から**エ**までの中から一つ選べ。

ア　自分自身の考えを主張することをやめなければ、大空を飛ぶように自由に未来を開いていけることを示す希望の象徴。

イ　自分を信じて作品や考えを発表し続けてさえいれば、いつかは必ず世間に認めてもらえるはずだという信念の象徴。

ウ　自分自身を信じ続けた者たちの活動によって、あり得ないと思われることが現実になっていくという事実の象徴。

エ　自分で未来の可能性を狭めてきたことで、元の自分とは全く違う存在になってしまったあげくに失われた夢の象徴。

問6　本文中に、(4)それは俺の、れっきとした居場所になるんじゃないか。とあるが、浩弥がそう感じたのはなぜか。最も適当なものを、次の**ア**から**エ**までの中から一つ選べ。

ア　浩弥の絵が好きだと言う人の言葉を素直に受け取り、才能を信じて描き続ければいつかは世間も認めてくれると気づいたから。

イ　たとえ世間に広く認められなくても、誰かの心に残る作品を描くことができれば自分の生きる意味はあると気づいたから。

ウ　技術的に優れた作品であってもすぐに価値が認められるとはかぎらず、描き続けていくうちに評価が高まると気づいたから。

エ　絵を評価されることが自分の目的ではなく、誰にも認められなくても絵を描き続けることが自分の幸せだと気づいたから。

問7　本文の記述に関する説明として最も適当なものを、次の**ア**から**エ**までの中から一つ選べ。

ア　世間や社会を恨んで他人を責めてばかりいた浩弥が、進化論の思想や文明の変遷に目を向けることで、自分が表現し続けることの意味に気づき、世界を変えるため進み出そうと決意する場面である。様々な物体が比喩的な意味を持って登場し、間接的に人物の内面を表現している。

イ　社会に背を向けていた浩弥が、小町さんやのぞみちゃんの熱烈な応援をきっかけに、友人の成功にも刺激を受けながら、少しずつ前を向いていこうとする場面である。自然科学と人工物の進化に目を向けることで、閉じていた浩弥の心が少しずつ開かれていく様子を表現している。

ウ　人に出し抜かれてばかりの世間に嫌気がさしていた浩弥が、夢をかなえた友人の言葉と、ぬいぐるみの飛行機やタイムカプセルのおかげで、再び自分を信じることを思い出す場面である。色々な「作品」と学問上の発見とが連想によってつながれ、進歩し続ける世界が描かれている。

エ　自分の世界に閉じこもっていた浩弥が、図書館で紹介された本や小町さんの言葉、旧友との交流を通じて、本当に望んでいたことを思い出し、生きる力を取り戻す場面である。断片的に描かれた様々な出来事が組み合わさり、答えにたどり着くまでの心情が丁寧に描かれている。